Die Gesetzentwürfe

zur

Sicherung der Bauforderungen

vom Jahre 1901.

Vorschläge zur Abänderung und Gegenentwurf.

Von

Hermann Schneider,
Amtsgerichtsrath a. D. in Berlin.

Berlin 1901.
J. Guttentag, Verlagsbuchhandlung,
G. m. b. H.

Vorbemerkung.

Angeregt durch die Beschlüsse des Reichstags und des preußischen Abgeordnetenhauses hat die Regierung im Reichsanzeiger vom 15. Dezember 1897 den Entwurf eines Gesetzes zum Schutze der Bauforderungen nebst dem Entwurf eines preußischen Ausführungsgesetzes veröffentlicht.

In der Begründung zu diesem Entwurf sind die Mißstände, die sich im Baugewerbe gezeigt und die den Ruf der Bauhandwerker nach gesetzlichem Schutz veranlaßt haben, dargelegt.

Der typische Vorgang, bei dem die Bauhandwerker auf Grund der bestehenden Gesetze mit Leichtigkeit übervortheilt werden, ist folgender (vgl. Entwurf 1901 S. 81 fg.):

Der Eigenthümer der Baustelle verkauft zu möglichst hohem Preise das Grundstück an einen Unternehmer. Dieser verschafft sich einen Theil des zum Bau nothwendigen Geldes von dem Verkäufer oder einem Dritten durch Eintragung einer Baugelderhypothek, deren Valuta je nach Fortschreiten des Baues gezahlt wird. Wenn der Bau in der vorausgesetzten Weise gefördert wird, hat weder der Geldgeber noch der Verkäufer der Baustelle ein Interesse daran, sich darum zu bekümmern, ob die Baugelder zur Abstoßung der Baugewerksmeister und Bauhandwerker verwendet werden. Daher werden die Gelder häufig zu persönlichen Zwecken des Grundstückseigenthümers verbraucht, und die Handwerker gehen, wenn es zur Zwangsversteigerung kommt, leer aus. Sie sind die wirthschaftlich Schwachen und können, wenn sie ihr Gewerbe ausüben wollen, bei Uebernahme von Aufträgen nicht zu vorsichtig sein; sie müssen der Natur der Sache nach vorleisten, und kein Eigenthümer würde sich dazu verstehen, ihnen Zahlung oder Sicherheit vor Ausführung des übernommenen Werkes zu geben. Hierdurch würde er sich in die Hand der Unternehmer liefern, er würde den Grundsatz eines guten Hausvaters verletzen, bei Werkverträgen nicht eher zu zahlen, als die Arbeit geleistet ist. Da die Nothwendigkeit eines Schutzes der Bauhandwerker von der öffentlichen Meinung anerkannt ist, und da die Begründung des Entwurfs von 1897 unter Benutzung eines reichhaltigen Materials die wesentlichen Gesichtspunkte mit Klarheit hervorhebt, glaube ich von weiteren Ausführungen Abstand nehmen zu können. Darauf hingewiesen mag nur werden, daß die Bauhandwerker hier nicht einen Schutz verlangen, weil sie die wirthschaftlich Schwächeren sind, sondern weil sie durch eine besondere Bestimmung unsres Privatrechts geschädigt werden. Nach dem Grundbuchrecht ergreift ein auf einer Baustelle eingetragenes Realrecht das Gebäude. Dieser Grundsatz ist für die Erhaltung des Realkredits nothwendig, er schädigt aber diejenigen, die ihre Arbeit und ihr Geld zur Herstellung des Baues aufgewendet haben. Sie haben das Grundstück werthvoller gemacht und müssen denjenigen weichen, die ein Privilegium auf den Theil des Grundstückswerthes, der bei Eintragung ihres Rechts noch nicht geschaffen war, haben. Hierdurch ist dem Eigenthümer die Möglichkeit gegeben, sich Geld zu verschaffen, indem er seinem Gläubiger gleichsam den künftigen Werth des Grundstücks zur Verfügung stellt. Er kann sich auf bedeutende Unternehmungen, ohne einen Pfennig zu besitzen, einlassen; er bekommt Geld durch Realkredit vom Baugeldgeber und erregt durch sein hierdurch ermöglichtes Auftreten die Ansicht, daß er Vermögen besitze. Ein größeres Unternehmen ohne eigenes Kapital oder wenigstens ohne Personalkredit ist stets ein unsolides. Wer ohne etwas zu besitzen einen Bau für 100000 Mk. ausführt, spekulirt mit dem Gelde Anderer. Er kann dies hier, weil eine zu anderem Zwecke gegebene Gesetzesvorschrift seinem Geldgeber ein Vorrecht giebt. Das Gesetz selbst hat die Wunden geschlagen, darum muß es auch versuchen, sie zu heilen. Von welchen allgemeinen sozialpolitischen Grundsätzen man auch ausgehen mag, hier muß den wirthschaftlich Schwachen geholfen werden, damit ihnen nicht ein Privilegium Anderer zum Schaden gereiche. Man muß ihnen helfen, nicht weil sie nicht kräftig genug sind, sich selbst zu schützen, sondern weil ihnen das Gesetz ein Vermögensstück des

Eigenthümers, das sie mitgeschaffen haben, zu Gunsten Anderer entzieht. Mit besonderen Schwierigkeiten ist es aber verbunden, den Weg zu finden, auf dem den Bauhandwerkern geholfen werden kann.

Die Uebersicht über die zur Abhülfe gemachten Vorschläge, welche die Motive zum Regierungsentwurf von 1897 geben, zeigt wie verschiedenartig die zur Abstellung der Mißstände vorgeschlagenen Maßnahmen sind. Auf diese Vorschläge, die in der Begründung des Regierungsentwurfs eine nähere Behandlung gefunden haben, einzugehen, würde zu weit führen. Ich schließe mich, wie ich schon in meiner Abhandlung „Zum Bauhandwerkergesetz Vorschläge zur Abänderung des Regierungsentwurfs vom 15. Dezember 1897, Berlin, Guttentag 1898" ausgeführt habe, dem Grundgedanken, den dieser Entwurf entwickelt, an. Den Baugläubigern soll ein gesetzliches Pfandrecht an dem Grundstück gewährt werden, insoweit ihre Leistungen in den Bau verwendet sind. Dieses Pfandrecht soll den Vorrang vor den Lasten des Grundstücks haben, die den Baustellenwerth übersteigen. Daneben hatte man aber das Bestreben, die Möglichkeit der Hingabe von Baugeld aufrecht zu erhalten. Man erwog, daß das Baugeldgeschäft, insoweit das Geld in der That zur Bestreitung der Baukosten verwendet werde, von großem Nutzen sei und daß es für die Eigenthümer von Baustellen und für das Baugewerbe nicht zu entbehren sei, wenn man nicht das Baugeschäft in die Hände des Großbetriebes treiben wollte. Wenn das Baugeld in die richtigen Kanäle geleitet wird und wenn die Baugläubiger Schutz durch ein Pfandrecht genießen, können sie nicht leicht übervortheilt werden. Hierdurch ist es dem mindervermögenden soliden Bauherrn möglich, einen Bau auszuführen. Der § 16 des Entwurfs von 1897 bestimmt, daß der Baugeldgeber, insoweit seine Zahlungen zu Abstoßungen von Bauforderungen verwendet sind, den Vorrang vor der Bauhypothek haben soll.

Die Aufnahme, die der Entwurf in juristischen und Interessentenkreisen gefunden hat, war eine getheilte. (Vgl. Begründung Entwurf 1901 Seite 11.) Die Grundbesitzer und Baugeldgeber, die glaubten in ihrer Bewegungsfreiheit beschränkt zu werden, haben sich ebenso wie die Handelskammern gegen den Entwurf erklärt, während die Vertreter der Bauhandwerker für den Entwurf eingetreten sind. Im Uebrigen halten sich diejenigen, die sich auf den Boden des Entwurfs stellen und diejengen, welche eine ablehnende Haltung einnehmen, etwa die Wagschale. Es genügt hier auf die Zusammenstellung der Aeußerungen in dem Regierungsentwurf 1901 S. 90 fg. zu verweisen.

Man kann zwei Gruppen von Gegnern des Gesetzes unterscheiden. Die erste Gruppe geht von allgemeinen Wirthschaftsgrundsätzen aus. Bewußt oder unbewußt wird sie zum Widerstand angereizt, wenn sie anzunehmen glaubt, daß das freie Spiel der wirthschaftlichen Kräfte, das ihr wirthschaftliches Dogma enthält, durch ein Gesetz erschwert oder beschränkt werden soll. Nach ihrer Theoric ist jede Beschränkung der wirthschaftlichen Freiheit schädlich und daher unzuläſſig. Auf die allgemeinen wirthschaftspolitischen Grundsätze einzugehen, ist hier nicht der Ort. Es mag nur auf die oben erwähnten Umstände, aus denen in diesem Fall ein Einschreiten der Gesetzgebung aus besonderen Gründen gerechtfertigt erscheint, hingewiesen werden.

Die zweite Gruppe ist mit dem besten Willen, der Sache näher zu treten, an die Prüfung der vorgeschlagenen Schutzmaßregeln gegangen, sie ist aber auf Grund sachlicher Erwägungen zu dem Resultat gekommen, daß die vorgeschlagenen Maßregeln nicht geeignet seien, den Baugläubigern genügenden Schutz zu gewähren und daß die Folgen des Gesetzes dem Baugewerbe als solchem, also auch den Bauhandwerkern Schaden bringen würden.

Es ist nicht zu verkennen, daß ein gesetzgeberischer Eingriff auf diesem Gebiet mit Schädigung des Baugewerbes verbunden sein kann. Namentlich ist darauf hingewiesen, daß den Bauhandwerken mit einer schwer realisirbaren Sicherheit nicht gedient ist, sie verlangen und brauchen Baarzahlung ihrer Arbeit. Eine solche kann durch die Abschneidung des Realkredits und Erschwerung der Baugelderhypothek verhindert werden.

Hat ein Gesetz thatsächlich die Folge, daß die Baarzahlung an die Baugläubiger in größerem Umfange als es jetzt geschieht unterbleibt, so ist es schädlich. Zur gesunden Entwicklung des

Baugewerbes gehört es, daß der Handwerker sein Geld, das er in den meisten Fällen nothwendig braucht, erhält und nicht mit der Aussicht auf eine Sicherheit vertröstet wird.

Diese Gesichtspunkte hat die Staatsregierung bei der erneuten Berathung des Entwurfs eines Gesetzes zur Sicherung der Bauforderungen durch eine Kommission, bestehend aus Vertretern der betheiligten preußischen Ministerien und der Reichsämter der Justiz und des Innern, in vollem Umfange berücksichtigt. Die Materie bot aber derartige Schwierigkeiten, daß die Kommission sich nicht über einen Entwurf einigen konnte. Der verschiedene Standpunkt ihrer Mitglieder hat zur Ausarbeitung von zwei Entwürfen geführt, die mit Entwurf A und Entwurf B bezeichnet und die in Folge eines Beschlusses des Königlich Preußischen Staatsministeriums mit Begründung vor kurzer Zeit veröffentlicht sind.

Nach meiner Ansicht ist der Entwurf B, dessen Wortlaut der Anhang zu dieser Abhandlung wiedergiebt, eine praktisch brauchbare Grundlage für das Gesetz, insoweit daran die Veränderungen vorgenommen werden, durch welche die unten erörterten Bedenken gehoben werden.

Zweck der vorliegenden Abhandlung ist es, die m. E. nothwendigen Abänderungen vorzuschlagen. Ich lasse der Uebersicht wegen den Gegenentwurf folgen und werde bei seiner Begründung die einzelnen Vorschläge zu rechtfertigen versuchen.

An dieser Stelle mag noch darauf hingewiesen werden, daß der Regierungsentwurf und mehr noch mein Gegenentwurf auf den ersten Blick den Eindruck eines höchst verwickelten und umständlichen Verfahrens machen, aber in Wirklichkeit sind die Vorschriften recht einfache und die Betheiligten wenig beschwerende. Die meisten Paragraphen meines Entwurfs enthalten Formvorschriften, die ohne Mühe zu handhaben sind. Andere Vorschriften sind gegeben, um eine Umgehung des Gesetzes zu verhindern. In regelmäßigen Fällen werden sie ihrem Zweck gemäß nicht zur Anwendung kommen, sie werden Abmachungen abschneiden, die dem Zweck des Gesetzes widersprechen. Mein Entwurf lautet folgendermaßen:

Erster Abschnitt.

Sicherung der Bauforderungen.

§ 1.

1 Durch landesherrliche Verordnung kann angeordnet werden, daß für einzelne Gemeinden oder Theile von Gemeinden im Falle der Errichtung eines Neubaues eine Sicherung der Bauforderungen nach den Vorschriften dieses Gesetzes stattfindet. Die Sicherung erfolgt durch Eintragung einer Hypothek (Bauhypothek) und, soweit die der Bauhypothek vorgehenden Belastungen den Baustellenwerth übersteigen, durch Hinterlegung von Geld oder Werthpapieren.

2 Uebersteigen die der Bauhypothek vorgehenden Belastungen den Baustellenwerth um mehr als die Baukosten voraussichtlich betragen werden, so hat der Eigenthümer das Recht, die Ermäßigung der Höhe der Sicherheit auf die Baukosten zu verlangen. Das Verfahren, durch das die voraussichtlichen Baukosten festzustellen sind, wird durch landesherrliche Verordnung geregelt.

§ 2.

1 Neubau im Sinne dieses Gesetzes ist jedes zu Wohn- oder gewerblichen Zwecken bestimmte Gebäude, das auf einer Baustelle errichtet wird, welche zur Zeit der Ertheilung der Bauerlaubniß unbebaut oder nur mit Gebäuden untergeordneter Art besetzt ist.

2 Ist für ein versichertes Gebäude die Versicherungssumme nach den Versicherungsbedingungen nur zur Wiederherstellung zu zahlen, so finden auf den Wiederaufbau die Vorschriften dieses Gesetzes keine Anwendung.

§ 3.

Zur Sicherung des Ranges der Bauhypothek ist vor dem Beginn des Baues der Vermerk, daß das Grundstück bebaut werden soll (Bauvermerk), in das Grundbuch einzutragen.

§ 4.

1 Die Bauerlaubniß darf von der Baupolizeibehörde nur ertheilt werden, wenn der Bauvermerk eingetragen ist und entweder

die dem Bauvermerke vorgehenden Belastungen den Baustellenwerth nicht übersteigen oder gemäß § 1 durch Hinterlegung Sicherheit geleistet ist.

Bei Feststellung der Belastungen kommen nur in Ansatz: 2

1. Hypotheken und Grundschulden mit ihrem Kapitalbetrag und zweijährigen Zinsen;
2. Rentenschulden und solche Reallasten, welche die Leistung von Geldrenten zum Gegenstande haben, mit ihrer Ablösungssumme;
3. Nicht ablösbare Geldrenten und anderweite eingetragene Rechte mit Ausnahme der Grunddienstbarkeiten, der persönlichen Dienstbarkeiten und des Vorkaufsrechts mit ihren nach § 4 fg. Civilprozeßordnung zu berechnenden Werthe;
4. Oeffentliche Lasten, die nicht in wiederkehrenden Leistungen bestehen, insbesondere die Verpflichtung zur Leistung von Beiträgen für die Kosten der Herstellung einer Straße, mit dem von der Baupolizeibehörde zu schätzenden Betrage dieser Lasten.

Rechte, die durch Eintragung einer Vormerkung oder eines 3
Widerspruchs gesichert sind, stehen eingetragenen Rechten gleich.

Zu einer Rangänderung, durch die dem Bauvermerke der 4
Vorrang vor anderen Rechten eingeräumt wird, genügt an Stelle der Einigung der zurücktretenden und des vortretenden Berechtigten die Erklärung des zurücktretenden Berechtigten gegenüber dem Grundbuchamte.

§ 5.

Ueber die Eintragung des Bauvermerks hat das Grund- 1
buchamt von Amtswegen eine Bescheinigung zu ertheilen; in dieser Bescheinigung ist der Gesammtbetrag der im § 4 Abs. 2 Nr. 1 bis 3 bezeichneten Belastungen anzugeben, so weit sie dem Bauvermerke vorgehen.

Der Baustellenwerth ist durch eine Bescheinigung der zu- 2
ständigen Behörde nachzuweisen.

3 Die Grundsätze für die Bemessung des Baustellenwerthes und das Feststellungsverfahren werden, sofern sie nicht landesgesetzlich geregelt sind, durch landesherrliche Verordnung bestimmt.

Zweiter Abschnitt.
Baugläubiger.

§ 6.

1 Unmittelbare Bauforderungen sind alle auf Vertrag beruhenden Forderungen für in den Bau verwendete Leistungen aus Werk-, Dienst- und Lieferungsverträgen, insoweit die vertragsmäßige Vergütung die übliche Vergütung nicht in erheblichem Maße übersteigt und insoweit die Verträge mit dem Eigenthümer der Baustelle oder für dessen Rechnung geschlossen sind.

2 Dem Eigenthümer der Baustelle steht gleich, wer den Bau mit Zustimmung des Eigenthümers als Bauherr ausführt. Durch eine nachträgliche Veräußerung der Baustelle werden die Rechte der Baugläubiger nicht berührt.

§ 7.

1 Ist die einem Unternehmer übertragene Herstellung des Bauwerkes oder eines Theiles des Bauwerkes einem anderen Unternehmer (Nachmann) übertragen, so gilt die Forderung des unmittelbaren Baugläubigers gegen den Eigenthümer kraft Gesetzes auf den Nachmann übertragen, insoweit eine Verwendung durch diesen in den Bau stattgefunden hat und insoweit die Forderung des Nachmanns in die Bauliste des § 12 eingetragen ist. (Mittelbare Bauforderung.)

2 Ueberträgt ein Nachmann die Herstellung des Bauwerkes oder eines Theiles des Bauwerkes einem weiteren Nachmann, so findet unter entsprechender Anwendung des Absatz 1 eine Uebertragung der Bauforderung auf diesen Nachmann statt.

3 Ueberschreiten mehrere mittelbare Bauforderungen, die ihre Rechte von demselben Vormann ableiten, die Forderung dieses Vormanns, so werden sie verhältnißmäßig herabgesetzt. Fällt eine solche Forderung eines Nachmannes nachträglich weg, so wächst

ihr Betrag dem anderen Nachmann bis zur Höhe seiner Bauforderung zu. Uebersteigt beim Zusammentreffen mehrerer Nachmänner die Forderung des einen die für die Gegenleistung übliche Vergütung in erheblichem Maße, so kann der benachtheiligte Nachmann eine ihm gegenüber wirksame Herabsetzung der Vergütung verlangen.

§ 8.

Ein vor Ablauf der Ausschlußfrist des § 29 erklärter Verzicht eines Baugläubigers auf die Rechte aus diesem Gesetz ist nichtig.

§ 9.

Zinsen von Bauforderungen und die durch ihre Geltendmachung entstandenen Kosten werden nicht berücksichtigt.

Dritter Abschnitt.
Bauvermerk.

§ 10.

Die Eintragung des Bauvermerkes erfolgt auf Antrag des Eigenthümers in die dritte Abtheilung des Grundbuchblattes. Wenn ein Nießbrauch auf dem Grundstück eingetragen ist, ist die Zustimmung des Nießbrauches zur Eintragung des Bauvermerkes erforderlich.

§ 11.

Der Bauvermerk wird gelöscht, wenn dem Grundbuchamt eine Bescheinigung der Baupolizeibehörde vorgelegt wird, daß vor dem Beginne des Baues die Bauerlaubniß erloschen oder von dem Baue Abstand genommen ist.

Vierter Abschnitt.
Bauliste.

§ 12.

Nach Eintragung des Bauvermerkes hat der Grundbuch- 1
führer eine Bauliste anzulegen. Eintragungen und Löschungen in

der Liste erfolgen von Amtswegen durch den Grundbuchführer. Die Eintragungen und Löschungen von Bauforderungen erfolgen jedoch nur auf Anordnung des Grundbuchrichters.

2 In die Liste sind einzutragen:

1. der im Grundbuch eingetragene Eigenthümer der Baustelle,
2. die nach § 13 offen zu legenden Verträge,
3. die Bauforderungen, die nach § 14 angemeldet sind,
4. der Baugeldervertrag und die Zahlungen des Baugeldgebers, § 27,
5. die Höhe der nach § 1 hinterlegten Sicherheit.

3 Von jeder Eintragung und Löschung in der Liste sind die Betheiligten zu benachrichtigen.

4 Als Betheiligte im Sinne des Gesetzes gelten alle Personen, deren Rechte aus der Liste ersichtlich sind.

5 Eintragungen und Löschungen in der Liste sollen mit dem Datum, an dem sie erfolgt sind und mit der Unterschrift des Grundbuchführers versehen sein. Die Einsicht der Liste und Schriftstücke, auf Grund deren eine Eintragung erfolgt ist, ist Jedem gestattet. Ebenso kann Jeder die Ertheilung von Abschriften der Bauliste oder ihrer Theile, sowie der eingereichten Schriftstücke oder ihrer Theile auf seine Kosten verlangen.

6 Die Ausführungsbestimmungen über die Einrichtung und Führung der Liste hat die Landesjustizverwaltung zu erlassen.

Fünfter Abschnitt.

Offenlegung der Verträge.

§ 13.

1 Der Eigenthümer der Baustelle soll vor dem Beginne des Baues die Verträge, die er mit dem Unternehmer des Bauwerkes oder eines Theiles des Bauwerkes geschlossen hat, durch Einreichung zur Bauliste offenlegen.

Werden die Verträge erst später geschlossen, so sind sie un- 2
verzüglich offenzulegen. Dasselbe gilt von Abänderungen offen gelegter Verträge.

Vergiebt der Unternehmer die Ausführung des Bauwerkes 3
oder eines Theiles des Bauwerkes an einen weiteren Unternehmer (Nachmann), so soll er gleichfalls unter entsprechender Anwendung des Absatz 1 und 2 den geschlossenen Vertrag offenlegen.

Die Verträge sollen enthalten: 4

1. Die bei ihrem Abschluß betheiligten Personen;
2. Den Betrag der in Geld von dem Besteller an den Unternehmer zu zahlenden Vergütung;
3. Die Termine, an denen die Vergütung zu zahlen ist.

Die zur Offenlegung der Verträge Verpflichteten können statt 5
der Verträge eine von ihnen unterschriebene Abschrift oder eine von ihnen unterzeichnete Erklärung, die über die Abs. 4 zu 1 bis 3 genannten Abmachungen Auskunft giebt, offenlegen.

Die auf Grund des § 12 in die Liste eingetragenen Ver- 6
träge oder Erklärungen sind zu löschen, wenn es der zur Eintragung Verpflichtete beantragt. Die Löschung eines Vertrages hat zur Folge, daß die nach derselben auf Grund des Vertrages gemachten Leistungen Bauforderungen nicht begründen.

Sechster Abschnitt.

Eintragung der Bauforderungen.

§ 14.

Bauforderungen werden nur berücksichtigt, wenn sie in die Bauliste eingetragen sind. Bedingte und betagte Forderungen können eingetragen werden. Die Eintragung einer Bauforderung kann geschehen, bevor die Verwendung der Gegenleistung in den Bau stattgefunden hat.

§ 15.

Die Eintragung einer Bauforderung erfolgt auf Grund 1
einer schriftlichen oder zu Protokoll des Gerichtsschreibers erklärten Anmeldung, die bis zum Ablauf der Ausschlußfrist des § 29 eingegangen sein muß.

2 Die Anmeldung kann erfolgen:

1. durch den unmittelbaren Vormann des Baugläubigers, insoweit dieser der Eigenthümer des Grundstückes oder sein Vertrag mit seinem Vormann in die Bauliste eingetragen ist. Ist der unmittelbare Vormann nicht der Eigenthümer, so ist die Zustimmung sämmtlicher anderer Vormänner des einzutragenden Nachmanns erforderlich;
2. durch den Baugläubiger. Dieser hat den Vertrag, auf den er sich stützt, und die Verträge seiner Vormänner anzugeben. Ist ein Vertrag in der Liste gelöscht (§ 13 Abs. 6), so hat der Baugläubiger auch die Behauptung aufzustellen, daß die Verwendung der Gegenleistung in den Bau vor dem Tage der Löschung stattgefunden hat.

3 Die Anmeldung der Forderung eines Nachmannes gilt als Anmeldung der Bauforderung des Vormannes in Höhe des eingetragenen Betrages für den Fall, daß die Bauforderung des Nachmannes in Wegfall kommt. Die Forderung des Vormannes ist demgemäß einzutragen, wenn die Eintragung der Forderung des Nachmannes erfolgt.

§ 16.

1 Die Anmeldung einer Bauforderung ist zurückzuweisen, wenn ihre Voraussetzungen nicht vorhanden sind. Erfolgt die Anmeldung Seitens eines Baugläubigers, so können der Eigenthümer und die anderen Vormänner binnen einer Woche, nachdem ihnen die Eintragungsbenachrichtigung zugestellt ist, Widerspruch erheben. Der Anmeldende hat in diesem Falle binnen 2 Wochen nach Zustellung der Mittheilung des Widerspruchs seinen Anspruch glaubhaft zu machen, widrigenfalls die Bauforderung in der Liste gelöscht wird. Glaubhaft zu machen ist, daß eine nicht von einer Bedingung abhängige Bauforderung besteht, daß also namentlich die Gegenleistung in den Bau verwendet ist. Der mittelbare Baugläubiger hat außerdem den Uebergang der Bauforderung glaubhaft zu machen. Ist ein eingetragener Vertrag, auf den der Baugläubiger seine Forderung zurückführt, gelöscht, so ist auch die Behauptung, daß die Verwendung der Gegenleistung in den Bau

vor dem Tage der Löschung stattgefunden hat, glaubhaft zu machen.

Der Grundbuchrichter kann, wenn eine Eingabe zum Zwecke der Glaubhaftmachung eingeht, die Betheiligten vernehmen, anderweite Ermittlungen anstellen und die zweiwöchentliche Frist zur Glaubhaftmachung verlängern. 2

Die Entscheidung des Grundbuchrichters über den Widerspruch gegen eine Bauforderung ist unanfechtbar. Im Uebrigen finden auf das Verfahren die Bestimmungen des Gesetzes über die Angelegenheiten der freiwilligen Gerichtsbarkeit Anwendung. 3

§ 17.

Die Löschung einer Bauforderung erfolgt: 1

1. auf Grund der Entscheidung des Grundbuchrichters (§ 16);
2. auf Grund eines beglaubigten Antrages des Baugläubigers;
3. auf Grund einer rechtskräftigen Verurtheilung des Gläubigers zur Löschung;
4. wenn der Eigenthümer oder Vormann eine Sicherheitsleistung für die Forderung durch Hinterlegung von Geld oder Werthpapieren nachweist, oder eine Hinterlegung nach § 18 Abs. 2 oder § 26 Abs. 2 stattgefunden hat.

Durch die Löschung der Bauforderung werden die Wirkungen der Eintragung mit rückwirkender Kraft aufgehoben. 2

Eine in der Liste gelöschte Bauforderung darf von demselben Gläubiger nicht noch einmal angemeldet werden. 3

§ 18.

Die Abtretung und Verpfändung der Bauforderung oder anderweite Verfügung über sie ist den eingetragenen Nachmännern gegenüber unwirksam, auch wenn die Verfügung vor Eintragung der Forderung des Nachmanns in die Liste erfolgt ist. Ebenso ist eine Beschlagnahme der Bauforderung, eine Aufrechnung mit der Bauforderung und gegen die Bauforderung den Nachmännern gegenüber unwirksam. 1

Zahlungen an Baugläubiger sind den Nachmännern gegenüber gültig, insoweit sie nach den offengelegten Verträgen oder 2

Erklärungen fällig und insoweit die zur Zeit der Zahlung in die Liste eingetragenen Nachmänner berücksichtigt sind. Mehrere Nachmänner sind antheilsweise zu befriedigen. Ist ein Nachmann eingetragen, der die Forderung des Vormanns nicht vollständig in Anspruch nimmt, so hat der Schuldner des Vormanns vorerst den Nachmann zu befriedigen. Entsteht Streit über die Auszahlung zwischen Vormann und Nachmann, so hat der Verpflichtete die zu zahlende Summe zu hinterlegen.

§ 19.

Zahlungen von Bauforderungen dürfen nicht verweigert werden, weil dem Verpflichteten nichteingetragene Nachmänner bekannt sind.

§ 20.

1 Ist ein Betheiligter seiner Verpflichtung zur Offenlegung der Verträge oder Erklärungen nicht nachgekommen, so kann sich der Nachmann auf den nicht offen gelegten Vertrag berufen. Er kann auch davon ausgehen, daß mit seinem Vormann der übliche Preis verabredet ist, daß dieser Preis bei Ablauf der Ausschlußfrist des § 29 fällig ist und daß im Uebrigen die gesetzlichen Bestimmungen über Werkverträge Anwendung finden.

2 Ist in den offengelegten Verträgen oder Erklärungen die Vergütung geringer, als vereinbart ist, angegeben, so kann sich der Nachmann auf die thatsächlich vereinbarte Vergütung berufen. Ist die angegebene Vergütung höher, als die vereinbarte, so gilt dem Nachmann gegenüber der angegebene Betrag.

§ 21.

1 Sind in den offengelegten Verträgen Vergütungen festgesetzt, die nicht in Geld bestehen, so kann der Nachmann verlangen, daß sie ihm gegenüber in eine mit Ablauf der Ausschlußfrist fällige Geldforderung umgewandelt werden.

2 Abzüge von der Vergütung wegen mangelhafter Leistung oder aus anderweiten Gründen können den Nachmännern nur entgegengestellt werden, wenn sie auf gesetzlichen Vorschriften oder auf Bestimmungen von offen gelegten Verträgen beruhen.

Festsetzungen in offengelegten Verträgen, die in der Ab- 3
sicht, die Nachmänner zu benachtheiligen, getroffen sind, sind diesen gegenüber unwirksam.

§ 22.

Die vertragsmäßigen Rechte der Nachmänner gegen ihre unmittelbaren Vormänner werden durch die Bestimmungen dieses Gesetzes nicht berührt. Erhält ein Nachmann durch die Eintragung seiner Forderung in die Liste einen zweiten Schuldner, so haften beide Schuldner als Gesammtschuldner.

§ 23.

Vertragsmäßige Bestimmungen, daß die Ausführung des Bauwerkes oder eines Theiles des Bauwerkes auf Nachmänner nicht übertragen werden darf, schließen die Berücksichtigung von Nachmännern nur aus, wenn sie in offengelegten Verträgen enthalten sind und wenn das vom Vormann herzustellende Werk eine Leistung enthält, wie sie von diesem Vormann in seinem Gewerbebetriebe ohne Uebertragung auf Nachmänner ausgeführt zu werden pflegt.

Siebenter Abschnitt.
Baugelderhypothek.

§ 24.

Ist nach dem Bauvermerke eine Hypothek zu Gunsten eines Gläubigers eingetragen, welcher die Gewährung von Baugeldern übernommen hat, so gelten für diese Hypothek, falls sie als Baugelderhypothek bezeichnet ist, die Vorschriften der §§ 25 bis 28. Die Baugelderhypothek soll nur eingetragen werden, wenn der Baugeldervertrag zu den Grundakten eingereicht ist. Nach Eintragung der Baugelderhypothek in das Grundbuch ist der Baugeldervertrag in die Bauliste einzutragen.

§ 25.

Die Baugelderhypothek geht der Bauhypothek (§ 33) im Range um den Betrag derjenigen bis zum Ablauf der Ausschlußfrist (§ 29) in die Liste eingetragenen Zahlungen vor, welche in

Anrechnung auf die Baugelder nach Maßgabe des Baugeldervertrages zum Zweck der Tilgung einer Bauforderung an den Baugläubiger oder in Höhe einer von dem Eigenthümer getilgten Bauforderung an diesen geleistet worden sind.

§ 26.

1 Der Baugeldgeber kann mit der Wirkung des § 25 demjenigen unmittelbaren Baugläubiger zahlen, dessen Berechtigung sich aus den offengelegten Verträgen ergiebt, insoweit in Höhe der gezahlten Summe vertragsmäßig übernommene Leistungen von dem Baugläubiger oder einem anderen in den Bau verwendet sind oder insoweit keine Umstände vorhanden sind, welche den guten Glauben des Baugeldgebers, daß solche Verwendung stattgefunden hat, ausschließen.

2 Nachmänner sind zu berücksichtigen, insoweit ihre Forderungen in die Liste eingetragen sind. Der Baugeldgeber kann jedoch die Nachmänner unberücksichtigt lassen, soweit die fällige Forderung des Vormanns den durch die gesetzliche Abtretung an die Nachmänner übertragenen Betrag der Forderung übersteigt.

3 Sind die nach diesen Bestimmungen zur Empfangnahme einer Bauforderung berechtigten Personen über die Auszahlung der Baugelder nicht einig, so kann der Baugeldgeber den streitigen Betrag mit der Wirkung des § 25 hinterlegen.

§ 27.

1 Eine erfolgte Zahlung hat der Baugeldgeber unverzüglich zur Eintragung in die Bauliste anzumelden. Versäumt er dies, so ist er den Baugläubigern schadensersatzpflichtig. Die angemeldeten Zahlungen sind in die Liste einzutragen.

2 Das Rangverhältniß verschiedener Baugelderhypotheken unter sich wegen des durch Auszahlung eines Baugläubigers erlangten Vorrangs richtet sich nach der Reihenfolge der Eintragung der Hypothek im Grundbuch.

§ 28.

1 Auf Antrag des Baugeldgebers und Eigenthümers ist zur Vermittlung der zu leistenden Zahlungen ein Treuhänder zu bestellen. In diesem Falle begründen alle nach Maßgabe der

Anweisungen des Treuhänders geleisteten Zahlungen den Vorrang vor der Bauhypothek, sofern der Baugeldgeber durch Anschlag auf dem Baue bekannt gemacht hat, daß er durch Vermittlung des Treuhänders Zahlung leisten werde. Der Treuhänder darf die Anweisung zur Zahlung nur ertheilen, soweit der Baugeldgeber nach Maßgabe der §§ 25, 26 zur Zahlung mit Wirkung gegen die Baugläubiger berechtigt ist.

Soweit die Leistung von Zahlungen durch Vermittlung des Treuhänders von diesem in öffentlich beglaubigter Form bescheinigt wird, hat das Grundbuchamt den Vorrang der Baugelderhypothek vor der Bauhypothek in das Grundbuch einzutragen. Die Zahlungen sind in den Theilungsplan des § 31 nicht aufzunehmen. Ein Widerspruch gegen den Vorrang in diesem Verfahren ist daher unzulässig. 2

Auf die Treuhänder finden die für einen Pfleger geltenden Vorschriften des Bürgerlichen Gesetzbuchs, mit Ausnahme des § 1785, entsprechende Anwendung. 3

Der Treuhänder kann für die Führung seines Amtes eine angemessene Vergütung verlangen. Vor der Festsetzung der Vergütung sollen der Baugeldgeber und der Eigenthümer soweit thunlich gehört werden. 4

Durch Anordnung der Landesjustizverwaltung können die dem Vormundschaftsgericht in Ansehung der Treuhänder obliegenden Verrichtungen für mehrere Amtsgerichte einem Amtsgericht übertragen werden. 5

Achter Abschnitt.

Vertheilungsverfahren.

§ 29.

Nachdem die Baupolizeibehörde in dem für ihre Bekanntmachungen bestimmten Blatte veröffentlicht hat, daß baupolizeiliche Bedenken, das Gebäude in Gebrauch zu nehmen, nicht bestehen oder daß die Bauerlaubniß nach Beginn des Baues erloschen ist und dies dem Grundbuchamt mitgetheilt ist, hat der Grundbuch- 1 richter einen Termin zur Regelung der Rechte der Bauforderungen und des Vorrangs des Baugeldgebers anzuberaumen und eine Ausschlußfrist für die Anmeldung der Bauforderungen und der Zahlungen des Baugeldgebers festzusetzen.

2 Die Ausschlußfrist soll nicht unter drei Wochen und nicht über einen Monat seit Eingang der Anzeige der Baupolizeibehörde bestimmt werden. Zwischen dem Ablauf der Anmeldefrist und dem Termine soll ein Zeitraum von mindestens 3 Wochen und von höchstens einem Monat liegen.

3 Die Betheiligten sind zu dem Termine unter Bekanntmachung der Ausschlußfrist zu laden.

4 Schwebt bei Ablauf der Anmeldefrist ein Verfahren über die Rechtmäßigkeit einer Anmeldung (§ 16), so ist es für erledigt zu erachten, insoweit nicht ein Betheiligter vor Ablauf der Frist die Weiterführung des Verfahrens beantragt hat. In diesem Fall oder aus anderen wichtigen Gründen kann der Termin des Absatz 1 verlegt werden.

§ 30.

1 Sind nach Ablauf der Anmeldefrist Bauforderungen nicht eingetragen, so ist der Bauvermerk zu löschen, der Termin aufzuheben, die Bauliste zu schließen und die Sicherheit, die etwa nach § 1 gestellt ist, zurückzugeben. Sind Bauforderungen eingetragen, aber durch einen vom Eigenthümer nachträglich hinterlegten Baarbetrag oder durch die nach § 1 bestellte Sicherheit oder durch beide Hinterlegungen zusammen gedeckt, so erfolgt die Löschung des Bauvermerkes 3 Wochen nach Ablauf der Ausschlußfrist.

2 Der Eigenthümer kann in diesem Falle für sich oder einen Anderen eine Grundschuld oder für einen Anderen eine Hypothek oder Grundschuld mit dem Range des Bauvermerkes bis zur Höhe der in die Liste eingetragenen Bauforderungen, jedoch nachstehend der Baugelderhypothek ins Grundbuch eintragen lassen.

3 Hat eine Hinterlegung nach § 17 Abs. 1 Nr. 4, § 18 Abs. 2, § 26 Abs. 2 stattgefunden, so hat der Grundbuchrichter nach Ablauf der Ausschlußfrist auf Antrag eines Betheiligten

der einen Partei eine Frist zur Klageerhebung mit der Androhung zu setzen, daß bei Versäumung der Frist die Versilberung der Sicherheit und Auszahlung des Erlöses an die andere Partei erfolgen werde. Nach fruchtlosem Ablauf der Frist hat der Richter die angedrohte Anordnung zu treffen.

§ 31.

Nach Ablauf der Ausschlußfrist ist die nach § 1 in Werth- 1
papieren hinterlegte Sicherheit zu versilbern und ein Theilungsplan, der drei Tage vor dem Termin auf dem Grundbuchamte auszulegen ist, vom Gericht aufzustellen. In den Theilungsplan sind die eingetragenen Bauforderungen und Zahlungen des Baugeldgebers aufzunehmen. Der Plan hat anzugeben, wie die Baarmasse zu vertheilen ist, für wen die Bauhypothek eingetragen werden, und in Höhe welchen Betrages die Baugelderhypothek den Vorrang vor der Bauhypothek haben soll. Ist dieselbe Bauforderung für einen Vormann und für einen Nachmann eingetragen, so ist in den Plan nur die Forderung des Nachmanns aufzunehmen.

Unmittelbare Baugläubiger haben gleiche Rechte. Die Be- 2
rücksichtigung der mittelbaren Baugläubiger ergiebt sich aus § 7 des Gesetzes. Vorerst wird die Baarmasse an die Baugläubiger vertheilt; reicht diese nicht aus, so wird ihnen ein verhältnißmäßiger Antheil an der einzutragenden Bauhypothek überwiesen.

§ 32.

In dem Termin wird über den Theilungsplan verhandelt. 1
Vollmachten oder Rechte Dritter werden nur berücksichtigt, wenn sie durch öffentliche oder öffentlich beglaubigte Urkunden nachgewiesen sind. Gegen die Bauforderungen und gegen den Vorrang des Baugeldgebers kann jeder Betheiligte Widerspruch erheben. Dieser Widerspruch setzt ein rechtliches Interesse des Widersprechenden voraus, indessen hat der Grundbuchrichter nicht zu prüfen, ob ein solches Interesse vorhanden sei.

Ist wegen derselben Leistung die Bauforderung eines Nach- 2
mannes und eines Vormannes eingetragen, so liegt in dem Wider-

spruch gegen die Forderung des Nachmannes nicht der Widerspruch gegen die Forderung des Vormannes.

3 Der Umstand, daß ein Widerspruch gegen die Anmeldung einer Bauforderung zurückgewiesen ist, schließt den Widerspruch im Termine nicht aus.

4 Stützt sich ein Widerspruch gegen den Vorrang eines Baugeldgebers darauf, daß die Zahlung an einen zur Empfangnahme Nichtberechtigten geleistet ist, so ist er nicht zuzulassen, insoweit die Zahlungen an die im § 26 bezeichneten Personen erfolgt sind.

5 Ein Widerspruch kann auch darauf gegründet werden, daß die Bauforderung nicht fällig oder daß sie vom Eintritt einer Bedingung abhängig ist, wenn der Widersprechende nicht seine Einwilligung zur Eintragung der Forderung gegeben hat.

§ 33.

1 Nach Abhaltung des Termins hat der Grundbuchrichter die Ausschüttung der Masse dem Plane gemäß anzuordnen, den Bauvermerk zu löschen und die Bauhypothek, sowie den Vorrang des Baugeldgebers einzutragen. Die Bauhypothek ist eine Sicherungshypothek, ihr Rang richtet sich nach der Eintragung des Bauvermerks, sie geht jedoch einem vor diesem Vermerk eingetragenen Nießbrauch vor.

2 Sind Forderungen durch einen Widerspruch betroffen, so wird ein entsprechender Theil der Baarmasse zurückgehalten und der Widerspruch bei Eintragung der Bauhypothek im Grundbuche vermerkt. In gleicher Weise ist der Vorrang des Baugeldgebers und der dagegen erhobene Widerspruch einzutragen. Ist die Möglichkeit vorhanden, daß die Bauhypothek für einen Gläubiger durch Zahlung aus der Baarmasse ganz oder zum Theil in Wegfall kommt, so ist dies im Grundbuche zu vermerken. Die Umwandlung der Sicherungshypothek in eine gewöhnliche Hypothek ist nur zulässig, wenn die Widersprüche, die auf Vertheilung der Baarmasse Einfluß haben, erledigt sind.

Der Theil der Bauhypothek, der durch Wegfall einer Bau- 3
forderung frei wird, fällt dem Grundstückseigenthümer zu, er steht indessen im Range dem Antheil der Baugläubiger nach. Hinterlegt der Eigenthümer den Betrag einer mit einem Widerspruch oder mit dem Vermerk des dritten Satzes Abs. 2 eingetragenen Bauforderung, so erwirbt er mit derselben Maßgabe die Bauhypothek.

§ 34.

Der Widerspruch gegen den Vorrang einer Baugelder- 1
hypothek gilt als zurückgenommen, wenn der Widersprechende nicht binnen einer Frist von einem Monate nach dem Vertheilungstermine dem Grundbuchrichter die Erhebung der Klage nachweist. Ebenso gilt der Widerspruch gegen eine Bauforderung bei Versäumung der Klageerhebung durch den Widersprechenden in der genannten Frist als zurückgenommen, insoweit die Bauforderung in Folge der Anmeldung des Widersprechenden eingetragen oder insoweit sie nach § 16 glaubhaft gemacht war. Im Uebrigen hat Derjenige, gegen dessen Bauforderung Widerspruch erhoben ist, die Pflicht zur Klageerhebung binnen der genannten Frist, widrigenfalls die Anmeldung der Bauforderung als zurückgenommen gilt.

Für die in Folge eines Widerspruchs erhobene Klage ist 2
das Amtsgericht, das das Grundbuch führt, und wenn der Streitgegenstand zur Zuständigkeit der Amtsgerichte nicht gehört, das diesem übergeordnete Landgericht ausschließlich zuständig.

Betreffen mehrere Widersprüche dieselbe Bauforderung, so sind 3
die Prozesse zu verbinden.

Die Rechtskraft eines Urtheils, das auf einen Widerspruch 4
ergeht, wirkt für und gegen sämmtliche Betheiligte.

§ 35.

Nach Erledigung des Widerspruchs durch Rücknahme, An- 1
erkennung seiner Berechtigung oder rechtskräftige Entscheidung hat der Grundbuchrichter den Vertheilungsplan weiter auszuführen. Diese Ausführung geschieht von Amtswegen, insoweit die Erledigung durch Versäumung der Klageerhebung erfolgt ist, im Uebrigen auf Antrag eines Betheiligten, der sein Recht nachzuweisen hat.

Vorerst wird die Ausschüttung der Baarmasse angeordnet und dann werden die nothwendigen Eintragungen ins Grundbuch vorgenommen.

2 Insoweit der Plan nicht von Amtswegen auszuführen ist, und insoweit ein rechtskräftiges Urtheil nicht vorliegt, kann der Grundbuchrichter den Gegner des Antragstellers über die weitere Ausführung des Planes hören.

Neunter Abschnitt.

Verfahren bei schwebender Zwangsversteigerung.

§ 36.

Wird, während der Bauvermerk eingetragen ist, eine Zwangsversteigerung des Grundstücks angeordnet, so kommen die §§ 37, 38, 39 zur Anwendung, insoweit der Termin des § 29 noch nicht abgehalten ist.

§ 37.

Mit Eintragung des Zwangsversteigerungsvermerks in das Grundbuch wird die Bearbeitung der Angelegenheit dem Vollstreckungsrichter übertragen. Der Grundbuchrichter hat dem Vollstreckungsrichter die Bauliste und die zu ihr gehörigen Schriftstücke auszuhändigen. Das Verfahren der §§ 29 ff. ist einzuleiten, auch wenn die im § 29 genannte Anzeige der Baubehörde nicht eingegangen ist. Die Ausschlußfrist ist derartig festzusetzen, daß sie vor dem Versteigerungstermin abgelaufen ist. Hat der Grundbuchrichter den Termin des § 29 bereits angesetzt, so kann ihn der Vollstreckungsrichter verlegen und mit dem Versteigerungstermin oder Vertheilungstermin im Zwangsversteigerungsverfahren verbinden.

§ 38.

1 Die Baugläubiger sind Betheiligte im Zwangsversteigerungsverfahren (§ 9 des Gesetzes vom 24. März 1897). Sind die vertragsmäßigen Leistungen von einem Baugläubiger nur theilweise ausgeführt, so hat er Anspruch auf einen entsprechenden

Theil der Vergütung, die mit Ablauf der Ausschlußfrist als fällig gilt.

Die Vertheilung der Baarmasse und die Feststellung des 2
Vorrangs des Baugeldgebers geschieht nach den Grundsätzen dieses Gesetzes. Insoweit in die Bauliste eingetragene Gläubiger nach dem Theilungsplane aus dem Grundstücke zu befriedigen sind, gelten sie als Gläubiger, für die eine Vormerkung zur Erhaltung des Rechts auf Eintragung einer Hypothek mit dem aus diesem Gesetz sich ergebenden Range im Grundbuche eingetragen ist. Wegen der Verfolgung ihrer Rechte und des Widerspruchs gegen die Forderungen finden die Bestimmungen des Zwangsversteigerungsgesetzes vom 24. März 1897 Anwendung. Widersprüche gegen die Auszahlung der Baarmasse und gegen die Befriedigung der Gläubiger aus dem Grundstück sind besonders zu erheben.

Die im Gesetze angeordneten Eintragungen in das Grund- 3
buch erfolgen auf Ersuchen des Vollstreckungsrichters.

§ 39.

Wird das Zwangsversteigerungsverfahren aufgehoben, so 1
erlöschen die festgesetzten Wirkungen der Zwangsversteigerung mit rückwirkender Kraft, insoweit nicht zur Zeit der Aufhebung des Zwangsvollstreckungsverfahrens die Voraussetzungen des § 29 Abs. 1 vorliegen oder der Vertheilungstermin in diesem Verfahren bereits abgehalten ist. Wird hiernach das Verfahren nach diesem Gesetz aufgehoben, so ist damit auch der Ausschluß von Bauforderungen durch Ablauf der Ausschlußfrist aufgehoben. Ebenso können spätere Zahlungen des Baugeldgebers berücksichtigt werden.

Nach Aufhebung der Zwangsversteigerung wird dem Grund- 2
buchrichter die weitere Bearbeitung des Verfahrens zurückübertragen.

Zehnter Abschnitt.
Schlußbestimmungen.

§ 40.

(Einzurücken wörtlich § 35 Entwurf B. Anhang S. 80.)

§ 41.

(Einzurücken wörtlich § 37 Entwurf B. Anhang S. 80.)

§ 42.

(Einzurücken wörtlich § 38 ebenda. Anhang S. 80.)

§ 43.

(Einzurücken § 39 ebenda. Anhang S. 80.)

§ 44.

1 Die nach diesem Gesetz erforderlichen Zustellungen erfolgen von Amtswegen durch Aufgabe zur Post. Die Postsendung muß mit der Bezeichnung „Einschreiben" versehen werden.

2 Der Landesjustizverwaltung bleibt vorbehalten, über die Form der in dem Gesetze vorgeschriebenen Mittheilungen das Nähere zu bestimmen.

3 Ueber die Kosten des Verfahrens bestimmt das Landesgesetz.

Allgemeine Begründung.

Uebersicht über den Inhalt der Regierungsentwürfe.

Nach dem Regierungsentwurf A kann durch landesherrliche Verordnung angeordnet werden, daß für einzelne Gemeinden im Falle der Errichtung eines Neubaus eine Sicherung der Bauforderungen stattfindet. Diese Sicherung erfolgt durch Eintragung einer Sicherungshypothek (Bauhypothek) und, soweit die der Bauhypothek vorgehenden Belastungen den Baustellenwerth übersteigen, durch Hinterlegung von Geld oder Werthpapieren. Neubauten sind zu Wohn- oder gewerblichen Zwecken bestimmte Gebäude, die auf einer unbebauten oder mit Gebäuden untergeordneter Art besetzten Baustelle errichtet werden (§ 2). Vor Beginn des Baues wird ein Bauvermerk, der den Rang der für die Baugläubiger einzutragenden Bauhypothek sichert, im Grundbuch eingetragen (§ 3). Der Baustellenwerth wird durch ein Verfahren, das durch Landesgesetz oder landesherrliche Verordnung geregelt wird, festgesetzt. Die Bauerlaubniß darf durch die Baupolizeibehörde nur ertheilt werden, wenn die dem Bauvermerke vorgehenden Belastungen den Baustellenwerth nicht übersteigen oder die Sicherheit des § 1 geleistet ist (§ 4).

Die durch das Gesetz geschützten Baugläubiger sind diejenigen, welche eine Forderung aus einem mit dem Eigenthümer oder für dessen Rechnung geschlossenen Werk- oder Dienstvertrage haben, insoweit die Gegenleistung in den Bau verwendet ist (§§ 6, 8, 9). Der Eigenthümer hat die Bauverträge oder ihren wesentlichen Inhalt durch Einreichung beim Grundbuchamt offen zu legen.

Dieselbe Pflicht der Offenlegung haben die Unternehmer, die die ihnen übertragene Ausführung des Baues ganz oder zum Theil weiter übertragen. Die Versäumung der Pflicht begründet den Anspruch auf Schadensersatz (§ 7). Nach der Bauabnahme durch die zuständige Behörde oder dem Erlöschen der Bauerlaubniß haben die Baugläubiger ihre Bauforderung in einer Frist von drei Monaten beim Grundbuchamte anzumelden. Die Anmeldung ist nur wirksam, wenn die Zustimmung des Eigenthümers oder eine sie zulassende einstweilige Verfügung beigebracht wird (§§ 12, 13). Die bei Ablauf der Anmeldefrist wirksamen Anmeldungen werden unter Löschung des Bauvermerks als Bauhypothek eingetragen. Die Baugläubiger haben gleiche Rechte.

Eine Baugelderhypothek geht der Bauhypothek im Range um diejenigen Zahlungen vor, welche von dem Baugeldgeber zur Tilgung einer Bauforderung an einen Baugläubiger oder in Höhe einer von dem Eigenthümer getilgten Bauforderung an diesen geleistet sind (§ 21). Damit der Baugeldgeber sich seinen Vorrang unanfechtbar sichern kann, hat ihm der § 22 das Recht gegeben, einen Treuhänder, eine Art gerichtlichen Pfleger, bestellen zu lassen. Wenn er auf dessen Anweisung zahlt, wird sein Vorrang vor der Bauhypothek wegen der geleisteten Zahlung sofort ins Grundbuch eingetragen. Besondere Bestimmungen sind noch über die Zwangsversteigerung, die Zwangsverwaltung und über die Vertheilung der Sicherheitsleistung getroffen (§§ 23—34).

Der Entwurf B enthält den Wortlaut des Entwurfs A und die Zusätze, die im Anhange durch fetten Druck bezeichnet sind.

Er erweitert den ersten Entwurf nach zwei Richtungen. Einmal berücksichtigt er als Baugläubiger neben Denjenigen, die Werk- oder Dienstverträge geschlossen haben, die Lieferanten von in den Bau verwendetem Baumaterial, andererseits giebt er auch denjenigen, die nicht unmittelbar mit dem Eigenthümer, sondern mit einem Unternehmer, der selbst als Baugläubiger betheiligt ist, Werkverträge (nicht Dienst- oder Lieferungsverträge) geschlossen haben, die Rechte von Baugläubigern. Die unmittelbaren Gläubiger des Eigenthümers haben das Recht auf die Bauhypothek, während denjenigen, die nicht mit dem Eigenthümer den Vertrag geschlossen haben, wegen ihrer mittelbaren Bauforderungen eine Anwartschaft auf ein Pfandrecht an der Forderung des Vormanns gegeben ist. Die mittelbare Bauforderung kann sich in eine unmittelbare verwandeln, wenn der Eigenthümer oder Vormann den ihm vom Gesetz auferlegten Pflichten nicht nachkommt (§§ 6a—d, 7a, b). Das Nähere hierüber wird unten behandelt werden.

Geltungsgebiet des Gesetzes.

Das Gesetz soll nach dem Regierungsentwurf nur in den durch landesherrliche Verordnung bestimmten Gemeinden eingeführt werden. Es bezieht sich nur auf Neubauten zu Wohn- und gewerblichen Zwecken, also nicht auf Umbauten und Nebenbauten. Diese letzteren Bauten pflegen nicht derartig, wie Neubauten, der Bauspekulation zu unterliegen. Es ist unmöglich, den Baugläubigern bei derartigen Bauten im Rahmen dieses Gesetzes eine ausreichende Sicherheit zu verschaffen, denn die älteren Hypotheken hindern die Eintragung einer Bauhypothek an sicherer Stelle.

Ebenso eignet sich das Gesetz nicht für viele örtliche Verhältnisse, namentlich nicht für Bauten auf Grundstücken, die vorwiegend zum Betriebe der Landwirthschaft benutzt werden. Daher muß es der Regierung überlassen bleiben, das Geltungsgebiet des Gesetzes einzuschränken (§ 1 Regierungsentw.; § 1 meines Entwurfs). Man kann einem Bauern, der sein Gut im Werthe von 30000 Mk. mit 10000 Mk. belastet hat, nicht zumuthen, für den Fall, daß er ein Wohngebäude für 5000 Mk. bauen will, entweder die Entpfändung durch die Hypothekengläubiger zu erlangen, oder die Sicherheit des § 1 zu leisten, deren Höhe bedeutend ist, da der Baustellenwerth auf dem Lande ein sehr geringer sein wird.

Der Regierungsentwurf von 1897 hatte die Bestimmung, daß auch innerhalb einer Gemeinde durch landesherrliche Verordnung Neubaubezirke gebildet werden können, während der neuere Entwurf von 1901 nur die Einführung in einzelnen Gemeinden zuläßt. In meinen Entwurf ist die ältere Vorschrift wieder aufgenommen. Die Bedenken der Kritik, durch die veranlaßt der Regierungsentwurf die Bildung von Neubaubezirken für einzelne Theile von Gemeinden verworfen hat, sind in seiner Begründung Seite 23 und 108 fg. dahin zusammengefaßt, daß diese Abtrennung eines Theils der Gemeinden einen bedenklichen Einfluß auf die Preisbildung der Grundstücke ausüben kann, da die Spekulation die innerhalb des Schutzgebiets belegenen Baustellen vermeiden würde. Aber derselbe Uebelstand wird sich nach dem Entwurf an den Grenzen der Gemeindebezirke zeigen. Häufig wird das einer großen Stadt nahe liegende Gelände einer Nachbargemeinde von der Bauspekulation ergriffen werden, während in einem andern Theile dieser Gemeinde noch ländlicher Wirthschaftsbetrieb vorherrscht. Die Regierung kann der Spekulation nur dann schnell folgen, wenn ihr das Recht der Trennung der Gemeinde gewährt ist und ihre Thatkraft nicht durch die Erwägung, daß das Schutzgesetz einen Theil der Gemeinde schädigt, gelähmt wird. Den unvermeidlichen Mißständen, die sich daraus ergeben, daß das Geltungsgebiet des Gesetzes örtlich beschränkt ist, kann nur durch das sachgemäße freie Ermessen der Behörden über die Abgrenzung der Baubezirke entgegengetreten werden.

Sicherung der Bauforderungen.

Der Entwurf von 1897 schützte die Baugläubiger durch eine Sicherungshypothek, die den voreingetragenen Belastungen des Grundstücks insoweit vorging, als sie den im besonderen Verfahren zu ermittelnden Baustellenwerth überstiegen. Hiergegen ist geltend gemacht, daß die Bestimmung in die bewährten Grundsätze unseres Grundbuchrechts eingreift. Der Rang einer Hypothek auf einem Grundstück, das einmal Baustelle werden kann, wäre von der ungewissen Feststellung des Werthes der Baustelle zur Zeit seiner Bebauung abhängig.

Um diesem Bedenken zu begegnen, hat der Entwurf den Vorschlag in meiner oben genannten Besprechung des Entwurfs von 1897*) aufgenommen, die Ertheilung der Bauerlaubniß davon abhängig zu machen, daß der Werth der der Bauhypothek vorgehenden Belastungen den Baustellenwerth nicht übersteigt oder daß der Eigenthümer für den Betrag, mit dem das Grundstück über den Baustellenwerth belastet ist, Sicherheit durch Hinterlegung von Geld oder Werthpapieren leistet. In das Grundbuchrecht ist nicht eingegriffen, da der Rang aller Belastungen sich nach ihrer Eintragung richtet. Für die Bauzeit steht auf dem Grundstück eine Belastung von unbestimmter Höhe, die den Eigenthümer thatsächlich hindert, über das Grundstück während dieser Zeit zu verfügen. Da für die Beschaffung der Baugelder durch Baugelderhypothek, wie unten besprochen werden soll, anderweit gesorgt ist, ist diese Erschwerung der Absicht des Gesetzes nicht entgegen, denn der Werth des Grundstücks soll während der Bauzeit zu Gunsten der Baugläubiger zurückgehalten werden. Werden zu hohe Spekulationspreise für die Baustelle bezahlt, so muß der Eigenthümer die Sicherheit bestellen, er muß also so viel Vermögen besitzen oder Personalkredit haben, als zur Zahlung der Sicherheit nothwendig ist. Will er spekuliren, so kann er dies nur mit seinem Gelde und nicht mit dem Gelde Anderer thun. Werden hierdurch unsolide Unternehmer verhindert, Baustellen über den Kopf zu bezahlen, so ist die Unterbindung des Baustellenschwindels eine Nebenwirkung des Gesetzes, die im öffentlichen Interesse nur erwünscht sein kann. Damit der Eigenthümer so schnell als möglich sein Verfügungsrecht über das Grundstück wieder erlangt, ist die unten besprochene Bestimmung des § 30 Abs. 2 meines Entwurfs vorgeschlagen.

Der solide Eigenthümer wird im Allgemeinen nicht durch die Kautionspflicht des § 1 benachtheiligt, denn er belastet seine Baustelle nicht bis zum vollen Baustellenwerth. Aber beim Vorliegen besonderer Umstände kann ein Bauen durch die gesetzliche Pflicht zur Sicherheitsleistung unmöglich gemacht werden. Die

*) Meine Abhandlung ist am 8. März 1898 erschienen; ein gleicher Vorschlag ist auf dem 24. deutschen Juristentag am 12. September 1898 durch den Referenten, Herrn Professor Brunner, gemacht.

Hypothekenverhältnisse lassen sich nicht immer ohne Schwierigkeit reguliren. Z. B. eine Elektrizitätsgesellschaft hat eine Anleihe von 1000000 Mk. aufgenommen und dafür nach § 1195 B.G.B. Grundschuldbriefe auf den Inhaber unter Belastung ihrer sämmtlichen Grundstücke ausgegeben. Nun will sie auf einem ihrer Grundstücke ein Arbeiterhaus für 50000 Mk. errichten. Das geht nicht, denn die Entpfändung der Baustelle wegen der Grundschulden ist thatsächlich nicht durchführbar, eine Sicherheit von bald einer Million von ihr zu verlangen ist aber unbillig und unnöthig. Die Höhe der Sicherheit muß in der Höhe der voraussichtlichen Baukosten ihre Grenze haben. Daher habe ich den Abs. 2 des § 1 meines Entwurfs vorgeschlagen, der Eigenthümer soll das Recht haben, die Ermäßigung der Höhe der Sicherheit auf die voraussichtlichen Baukosten zu verlangen. Das Verfahren der Feststellung dieser Kosten soll durch landesherrliche Verordnung geregelt werden. Auf Grund eines Bauanschlages wird diese Bestimmung keine Schwierigkeiten machen, denn für die Sicherung der Baugläubiger ist eine annähernde Berechnung der Kosten ausreichend.

In meiner erwähnten Abhandlung (§ 2 S. 7) habe ich für den Fall der Sicherheitsleistung in Höhe der vollen Bausumme die Anwendung des Gesetzes überhaupt ausschließen wollen. Diese Regelung, bei der man der Behörde auch das Recht geben kann, bei anderweiten Garantien, z. B. der Bürgschaft einer geeigneten Genossenschaft, die Anwendung des Gesetzes auszuschließen, hat gute Gründe für sich. Damit aber nicht den besonders kapitalkräftigen Bauherren hierdurch ein Privilegium, das den minder Begüterten schädigt, gegeben werde, habe ich von einem derartigen Vorschlag Abstande genommen. (Vergl. Regierungs-Entwurf S. 17.)

Offenlegung der Verträge.

Diejenige Vorschrift des Regierungsentwurfs, die den schwersten Eingriff in Privatverhältnisse enthält, ist die Verpflichtung des § 7, die Bauverträge oder wenigstens den wesentlichen Inhalt derselben einem Jeden offenzulegen. Die Vorschrift stammt aus dem amerikanischen Recht und ist in dem verdienstvollen Buche von Salomonsohn (Solmsen), „Der gesetzliche Schutz der Baugläubiger in den Vereinigten Staaten von Nordamerika, Berlin 1900,

Carl Heymann's Verlag", empfohlen. Der Umstand, daß die Vorschrift in mehreren Staaten Nordamerikas Recht geworden ist, spricht für ihre praktische Brauchbarkeit. Nach unseren Begriffen wird ein Gewerbetreibender sich nur ungern dazu verstehen, seine Verträge und damit einen Theil seiner Geschäftsgeheimnisse nicht nur den Betheiligten, sondern, wie es nothwendig ist, der Oeffentlichkeit preiszugeben. Er kann nicht mehr dem Einen billiger liefern, weil er Geld braucht oder seine Arbeiter beschäftigen oder etwa einen guten Kunden gewinnen will, ohne sich der Gefahr auszusetzen, daß seine Konkurrenten und Kunden von dem Vertrage Kenntniß erhalten.

Wenn die Arbeiten weiter begeben sind, ist der Verdienst des Unternehmers auf Heller und Pfennig von jedem Dritten nachzurechnen. Die Arbeiter sind vermöge ihrer Organisation im Stande, sich genau aus den Verträgen zu unterrichten. Sie können in den sozialen Kämpfen eine scharfe Waffe daraus gegen ihre Brotherren schmieden. Nicht nur einzelne Verträge, sondern die Verhältnisse eines ganzen Gewerbes liegen klar zu Tage.

Trotzdem glaube ich, daß man den Schritt wagen kann. Die Offenlegung der Parteiabmachungen hat das Gute, daß sich die Preise der Bauarbeiten nach den natürlichen Grundsätzen über Preisbildung stätiger und regelmäßiger bilden werden. Die Forderung zu hoher Preise Seitens der Baugläubiger wird hierdurch erschwert, der Konkurrenzkampf wird mit offenem Visir gekämpft und dadurch weniger verhängnißvoll.

Ohne die Einführung der Offenlegung der Verträge, wie sie der Regierungsentwurf vorschreibt (§ 7) und wie sie mein Entwurf (§ 13) übernommen hat, ist jedenfalls ein Gesetz auf Grundlage der vorgeschlagenen Bestimmungen unmöglich; mit ihr steht und fällt der Gesetzentwurf, wie sich aus den späteren Ausführungen ergeben wird. Namentlich kann ein Nachmann, der seine Rechte auf einen Zwischenunternehmer zurückführt, nur auf diese Weise wirksam geschützt werden. Nur hierdurch kann das für nothwendig erachtete Baugeldergeschäft den Bestimmungen des Gesetzes gegenüber aufrecht erhalten werden. Von der Aufnahme, die diese Vorschrift in den betheiligten Kreisen der Bauunternehmer,

Baugewerksmeister und Bauhandwerker, die den Schutz suchen, findet, wird es wesentlich abhängen, ob die durch den Entwurf vorgeschlagenen Maßregeln zur praktischen Durchführung gelangen können. Diese Kreise sind am besten über ihre Interessen unterrichtet und werden Vortheile und Nachtheile der Vorschriften abwägen können. Der Umstand, daß nicht die vollständigen Verträge, sondern nur der wesentliche Theil offen zu legen ist, wird die Gegner leichter mit dem Gedanken der Entwürfe versöhnen.

Verwerfung des Entwurfs A.

Wie oben schon erwähnt, unterscheiden sich die Regierungsentwürfe A und B dadurch, daß in letzterem einerseits die Lieferanten als unmittelbare Baugläubiger mit aufgenommen sind, andererseits den Nachmännern des ersten Unternehmers, insoweit sie sich auf Werkverträge stützen, ein Schutzrecht eingeräumt ist. Der Entwurf A hat den Vorzug der Einfachheit und leichteren Uebersichtlichkeit. Richtig ist, daß die Lieferanten eines besonderen Schutzes nicht bedürfen, weil sie sich Zahlung Zug um Zug bedingen können. Auch ist nicht zu verkennen, daß dem Schutz der Nachmänner bedeutende Bedenken entgegenstehen. Der Eigenthümer schließt mit bestimmten Personen den Vertrag in der Absicht ab, seine Verpflichtungen prompt zu erfüllen, und nun sollen Personen, mit denen er nichts zu thun hatte, und die ihn nichts angehen, dazwischen treten, gegen ihn Rechte geltend machen und ihn hindern, seinen Verpflichtungen gegen den andern Vertragschließenden nachzukommen. Trotzdem kann der Gesetzentwurf A nicht zum Gesetz erhoben werden, da er m. E. praktisch keine Aenderung der ungesunden Verhältnisse des Baugewerbes herbeiführen wird.

Der Eigenthümer braucht nämlich das Baugeld am dringendsten zur Befriedigung der Lieferanten, welche, wenn andere Gläubiger einen Vorzug haben, Baarzahlung verlangen werden. Zu ihrer Befriedigung kann aber der Eigenthümer das Baugeld nicht verwenden, denn der Geldgeber hat nur den Vorrang vor der Bauhypothek, wenn er Baugläubiger befriedigt, und wird daher seine Ratenzahlungen von der Befriedigung solcher Gläubiger abhängig machen. Daher ist der Eigenthümer genöthigt, den Bau in Generalentreprise zu geben. Die Auslagen, die der Generalunternehmer zur Deckung der Lieferanten macht, bilden einen Theil seiner Bauforderung. Die Lieferanten kommen also unter Zuhülfenahme der Zwischenperson zur Befriedigung. Der Baugeldgeber wird auch deswegen auf einen solchen Generalentreprisevertrag dringen, weil er dann mit Sicherheit gegen Quittung des Eigenthümers und des einzigen Baugläubigers, des Generalunternehmers, zahlen kann, er wird im Baugeldervertrag die Zahlung an diesen Baugläubiger vorsehen. Ein Bau ohne einen oder wenige Generalunternehmer wird daher zu den größten Seltenheiten gehören. Thatsächlich werden also nur die Bauunternehmer und nicht die Handwerker geschützt. Man kann die letzteren nicht darauf verweisen, nur mit dem Eigenthümer abzuschließen, denn sie werden keinen Eigenthümer finden, der sich mit ihnen einläßt. Freilich sollen die Bauverträge nach § 7 des Entwurfs offengelegt werden, und der Nachmann kann daraus die Bauverhältnisse einigermaßen beurtheilen; aber dies nützt ihm nicht viel. Nach Abs. 4 § 7 ist der Eigenthümer oder weitere Unternehmer dem Betheiligten zum Schadensersatz verpflichtet, wenn er die Offenlegung versäumt. Zu den Betheiligten in diesem Sinne rechnet der Entwurf A anscheinend auch die als Baugläubiger nicht berücksichtigten Nachmänner, denn die Pflicht zur Offenlegung der Verträge ist auch weiteren Unternehmern auferlegt. (Vgl. § 7 Abs. 5 Begründung S. 32.) Aber wie soll ein solcher Schadensersatz begründet werden? Wenn ein Nachmann seinen Schaden nachweisen will, muß er darthun, wie der Vertrag seines Gegners mit dessen Vormann gelautet hat. Scheitert der Schadensersatzanspruch an der Schwierigkeit dieses Beweises nicht, wird der Nachmann weiter zu beweisen haben, daß ein bestimmter Schaden durch Versäumung der Offenlegung entstanden sei. Dies wird nur in den seltensten Fällen gelingen. Wenn nun der Eigenthümer vermögenslos ist, d. h. in dem Fall, in dem der Handwerker Schutz am nöthigsten braucht, versagt der Rechtsbehelf vollständig.

Die Erhebung des Entwurfs A zum Gesetz würde daher einen Schlag ins Wasser bedeuten, die Bauhandwerker würden eine Enttäuschung erleben, denn sie würden glauben, geschützt zu sein, während alles beim Alten bleibt.

Lieferanten u. Nachmänner nach Entwurf B.

Der Entwurf B dagegen versucht die Bedenken, die gegen den Entwurf A bestehen, durch Schutz der Lieferanten und Nachmänner zu heben. Der Kreis der zu schützenden Nachmänner, der mittelbaren Baugläubiger ist aber enger gezogen als der Kreis der unmittelbaren Baugläubiger. Nur die durch Werkverträge betheiligten Nachmänner werden berücksichtigt, während diejenigen, die Dienst- und Lieferungsverträge geschlossen haben, nicht geschützt sind. (§ 6a des Regierungsentwurfs.) Diese Beschränkung halte ich für einen besonders glücklichen Gedanken. Die Lieferanten sind als unmittelbare Baugläubiger zu berücksichtigen, damit sich der Eigenthümer, wie oben nachgewiesen ist, das zu ihrer Befriedigung nöthige Geld durch Baugelderhypothek verschaffen kann. Dieser Grund fällt weg, wenn es sich um den Vertrag mit einer Zwischenperson handelt. Der Lieferant kann dem Besteller die Bedingungen der Zahlung stellen, wie er will, es kann ihm gleichgültig sein, zu welchem Zweck der Unternehmer die gelieferten Gegenstände verwendet. Die Zahlungen, die der Besteller zu empfangen hat, ersieht er aus den offengelegten Verträgen. Wenn er auf sein gesetzliches Recht auf Leistung Zug um Zug verzichtet, kann er sich unbeschadet des Rechts der mittelbaren Baugläubiger an die Vergütung, die sein Vormann erhält, durch die gewöhnlichen Rechtsmittel halten. Ebenso ist es nicht nöthig, die aus Dienstverträgen Berechtigten zu schützen. Es sind dies im Wesentlichen die Gesellen und Arbeiter, die thatsächlich kaum mehr als einen Wochenlohn zu empfangen haben und die durch das Vorrecht im Konkurse ihres Arbeitgebers genügend geschützt sind. Ihr Schutz würde, wie die Begründung des Regierungsentwurfs S. 60 ausführt, die Bauhandwerker schädigen, da ihre Gesellen die Auszahlung an sie verhindern könnten. Bemerkt mag jedoch werden, daß die Aufnahme der Arbeiter u. s. w. in den Kreis der mittelbaren Baugläubiger praktisch von untergeordneter Bedeutung ist, denn wider den Willen des Arbeitgebers werden sie nur in seltenen Fällen die einstweilige Verfügung des Regierungsentwurfes (§ 6c) erwirken oder die Glaubhaftmachung meines Entwurfes (§ 16) beibringen können.

Die schwierige Aufgabe aber, die Nachmänner zu berücksichtigen, ohne Schädigung anderer Interessen herbeizuführen, hat der Regierungsentwurf m. E. in nicht ausreichender Weise gelöst.

Wie es in der Natur der Sache liegt, ist nach diesem Entwurf die Forderung der Nachmänner durch die Forderung ihres Vormannes begrenzt. Uebersteigen die Forderungen der Nachmänner die Forderungen des Vormannes, so sind sie verhältnißmäßig herabzusetzen (§§ 6a, 6b). Im Allgemeinen haben Zahlungen an den Vormann die Folge, daß der verbleibende Rest der Forderung des Vormannes für den Umfang der Forderungen der Nachmänner maßgebend bleibt (§ 6c). Hat indessen ein Nachmann dem Schuldner eines Vormannes seine Forderung angezeigt, so tritt die angezeigte Forderung bis zur Höhe der an den Vormann geleisteten Zahlungen an die Stelle der Bauforderung des Vormannes. Die Anzeige verliert ihre Kraft, wenn nicht binnen 3 Wochen eine schriftliche Anerkennung durch den Vormann oder eine die Aufrechterhaltung der Anzeige anordnende einstweilige Verfügung dem Schuldner des Vormannes zugestellt wird (§ 6d). Soweit ein Nachmann von dem Eigenthümer Schadensersatz nach § 7 wegen Versäumung der Offenlegung der Verträge fordern kann, gilt seine Forderung als unmittelbare Bauforderung. Sobald ein Nachmann nach § 7 Schadensersatz von einem Unternehmer fordern kann, gilt der Unternehmer als unmittelbarer Vormann (§ 7a). Wird von einem Vormann eine Zahlung auf Grund eines nicht offengelegten Vertrages geleistet oder war die Zahlung nach dem offengelegten Vertrage nicht fällig und kannte der Zahlende die Absicht des Empfängers, seine Nachmänner zu benachtheiligen, so treten die Forderungen der Nachmänner an die Stelle der Forderung des Vormannes (§ 7b). Für mittelbare Bauforderungen ist, insoweit sie in den Anmeldungen der Vormänner Deckung finden, zugleich mit der Bauhypothek ein Pfandrecht einzutragen. Dieses Pfandrecht entsteht an der Forderung des Vormannes mit der Eintragung und geht anderweit begründeten, dinglichen Rechten im Range vor. Hat der unmittelbare Vormann seine Forderung nicht angemeldet, so besteht das Pfandrecht an der Forderung des nächsten anmeldenden Vormannes und, so weit es erforderlich ist, anderweiter Vormänner.

Drei Bestimmungen kommen in Betracht:

1) Jeder Nachmann hat die Anwartschaft auf das Pfandrecht an der Forderung des Vormannes.
2) Wenn der Schuldner des Vormannes trotz der Sperrung durch den Nachmann an den Vormann zahlt, so tritt der Nachmann an die Stelle des Vormannes.
3) Wenn der Vormann die Pflicht der Offenlegung versäumt, gilt bedingungsweise die Forderung des Nachmannes als unmittelbare Bauforderung, oder der Unternehmer gilt als unmittelbarer Vormann.

Bauforderungen sind nach dem Entwurf die Forderungen der Nachmänner und der Vormänner. Wegen derselben Verwendung bestehen also mehrere Bauforderungen, die des Vormannes gegen seinen Schuldner und des Nachmannes gegen den Vormann. Der Vormann hat die Anwartschaft auf die Bauhypothek, der Nachmann hat die Anwartschaft auf das Pfandrecht an der Bauforderung des Vormannes. Wenn z. B. der Eigenthümer E. den Bau für 100 000 Mk. an V. vergiebt, und V. vergiebt ihn für 100000 Mk. an N. weiter, so hat der letztere die Möglichkeit wegen seiner Bauforderung ein Pfandrecht an der Bauforderung des V. zu erwerben. Um das Pfandrecht geltend zu machen, meldet N. 100000 Mk. mittelbare Bauforderung an (§ 13). Wenn nun V. auch seine Forderung angemeldet hat, so wird für ihn die Bauhypothek und für N. das Pfandrecht an der Forderung eingetragen (§ 15a). Was soll aber N. machen, wenn V. seine Forderung nicht eintragen läßt? Der § 15a giebt keine Auskunft. Soll V. durch die Anmeldung des N. wider seinen Willen eine Bauhypothek, die mit einem Forderungspfandrecht behaftet ist, erwerben? V. meldet vielleicht deswegen nicht an, weil er seine Forderung abgetreten oder der Eigenthümer gegen seine Forderung aufgerechnet hat. Die Motive sagen S. 63 und 64, das Pfandrecht des Nachmannes gehe nach § 15a allen anderweiten dinglichen Rechten vor, es habe daher rückwirkende Kraft und seien ihm gegenüber die Verfügungen des Vormannes außer der Annahme der Zahlung unwirksam. M. E. kann der Bestimmung des Entwurfs die Bedeutung, welche die Motive wollen, nicht beigelegt werden. Es ist nicht einzusehen, weshalb eine Tilgung der Obligation deswegen nicht stattfinden kann, weil ein Andrer eine Anwartschaft auf ein künftiges Pfandrecht hat. Die Tilgung ist kein dingliches Recht an der Forderung, dem ein andres dingliches Recht, das Pfandrecht, vorgeht. Es zeigt dies, daß die Anwartschaft auf das Pfandrecht keine genügende Grundlage für die Rechte des Nachmannes bildet, es sei denn, daß man speziell die Vorwirkungen des Pfandrechtes regelt. Man würde beim Versuch einer derartigen Regelung voraussichtlich dahin kommen, das Pfandrecht an der Forderung des Vormannes kraft Gesetzes vom Entstehen der beiden Forderungen zu datiren und dem Eigenthümer oder Vormann nur das Recht zu belassen, durch Zahlung in gutem Glauben, das Schuldverhältniß zum Erlöschen zu bringen.

Aber in dem gesetzten Fall kann der Nachmann nach dem Regierungsentwurf überhaupt seine Berücksichtigung nicht erreichen. Mag er auch durch die Anzeige des § 6d die Zahlung der Forderung Seitens des Eigenthümers gesperrt haben, praktisch hat er keinen Nutzen davon. Anders verhält es sich, wenn der Eigenthümer troß der Sperrung gezahlt hat, dann soll der Nachmann an die Stelle des Vormannes treten. Hier erwirbt der Nachmann wegen seiner Forderung an den Vormann eine Anwartschaft auf ein Pfandrecht, das das Grundstück des Eigenthümers ergreift.

Schwierigkeiten macht die Bestimmung des § 7a, daß die Bauforderung eines Nachmannes, soweit der Eigenthümer nach § 7 wegen Versäumung der Offenlegung der Verträge Schadensersatz fordern kann, als unmittelbare Bauforderung gilt. Der Schadensersatzanspruch ist, wie oben erwähnt ist, schwer zu begründen, und in Höhe der Schadensersatzforderung soll die Forderung des Nachmannes gegen den Eigenthümer eine Anwartschaft auf die Bauhypothek haben. Ein solcher Schaden ist nach den Motiven Seite 67 nicht als entstanden anzusehen, wenn der Nachmann noch eine mittelbare Bauforderung geltend machen kann. Der Schutz trifft also nur den praktisch seltenen Fall, daß die mittelbaren Bauforderungen die entsprechende unmittelbare Bauforderung übersteigen, und ist dann noch an den Nachweis des Schadens gebunden. Gegen Zahlungen aus nicht offengelegten Verträgen oder Vorauszahlungen entgegen offengelegten Verträgen ist der Nachmann nach § 7b geschützt, dann erwirbt er in Höhe der Zahlung eine unmittelbare Bauforderung, oder er tritt in die Rechte des Vormanns ein. Dies ist das einzige praktisch verwerthbare Recht des Nachmannes, wenn der Eigenthümer seiner Verpflichtung zur Offenlegung der Verträge nicht nachkommt. Aber wie schwer wird im Falle von Vorauszahlungen die Absicht nachzuweisen sein, die Nachmänner zu benachtheiligen? Wie viel schwerer wird es sein, diese Absicht zum Zweck der Erwirkung der für den Schutz nothwendigen einstweiligen Verfügung glaubhaft zu machen? Zu unübersehbaren Verwickelungen muß dieses Schutzsystem dann führen, wenn eine Reihe von Nachmännern vorhanden ist, denn ein Vertheilungsverfahren ist in den Entwurf außer wegen Auszahlung der Sicherheit des § 1 nicht aufgenommen. Es mag noch darauf hingewiesen werden, daß es dem Eigenthümer nach dem Regierungsentwurf sehr leicht gemacht ist, erdichtete Forderungen zur Eintragung als Bauhypothek zu bringen und dadurch die Baugläubiger zu schädigen. Die Konkurrenz der erdichteten Forderung, die nur durch einen schwierigen Prozeß weggeschafft werden kann, mindert die Sicherheit der Baugläubiger.

Meine Vorschläge in der Besprechung des Entwurfs von 1897 gingen dahin, nur die in dem Vertheilungstermine angemeldeten Forderungen zu berücksichtigen (a. a. O. S. 9, 20, 21). Wenn sich von einer Reihe von Nachmännern nur der letzte meldete, sollte nur für ihn die Hypothek eingetragen werden. Meldeten sich mehrere, die dieselbe Verwendung geltend machten, so sollte der Nachmann an der Forderung des Vormanns ein Pfandrecht haben. Durch Verhandlung im Vertheilungsverein, in dem jeder Betheiligte zum Widerspruche berechtigt war, wurde Klarheit über die Rechtsverhältnisse geschaffen. Ich lasse diesen Vorschlag fallen, da dadurch der Nachmann nicht gehörig gegen vorzeitige Zahlung an den Vormann geschützt ist und da sich eine ausreichende Sicherheit für Zahlungen des Baugeldgebers hierbei nicht ermöglichen läßt.

Gegenentwurf.

Den Zweck des Gesetzes versucht mein vorliegender Gegenentwurf durch zwei Rechtsinstitute, die sich in anderen Rechtsgebieten wohl bewährt haben, die Eintragung in eine Liste und ein Vertheilungsverfahren zu erreichen. Diese beiden Einrichtungen, im Verein mit der Pflicht zur Offenlegung der Verträge sollen den Baugläubigern Sicherheit verschaffen und die Rechtsverhältnisse der Betheiligten klären. Daneben sind Bestimmungen getroffen, die geeignet sind, das Baugeldergeschäft in seinem bisherigen Umfange aufrecht zu erhalten.

Abtretung kraft Gesetzes.

Damit die Nachmänner ein praktisch brauchbares Recht erhalten, lasse ich das Recht des Vormannes auf sie durch Legalcession übergehen (§ 7 meines Entwurfes). Wenn mehrere Personen dieselbe Verwendung in den Bau geltend machen, der Eine als Vormann, der Andere als Nachmann, so entspricht es der Natur der Sache, daß nur dem Einen von Beiden die Rechte als Baugläubiger zustehen. Dem Vormann wird sein Recht genommen und dem Nachmann in Höhe seines Anspruchs, insoweit er an sich begründet ist, übertragen. Die Möglichkeit einer solchen Uebertragung ohne Schädigung des Schuldners ist durch die Liste, in die die Bauforderungen eingetragen werden, gegeben (§ 12 meines Entwurfs). Der Uebergang der Forderung, nicht etwa nur der Sicherung, nach diesem Gesetz wird durch einen offenkundigen Akt, der dem Schuldner des Vormannes wie allen Betheiligten nach § 12 mitzutheilen ist, vollzogen. Streitig kann werden, ob die übrigen Voraussetzungen des Forderungsüberganges kraft Gesetzes namentlich die Verwendung in den Bau durch den Nachmann vorhanden sind. Gegen frivole Ansprüche schützt aber die Pflicht der Glaubhaftmachung (§ 16). Der Ausgleich der verschiedenen Ansprüche erfolgt im Vertheilungstermin und den sich an diesen anschließenden Prozessen (§§ 29 fg.). Im § 22 meines Entwurfs ist ausdrücklich bestimmt, daß die Rechte der Nachmänner gegen die Vormänner durch das Gesetz nicht berührt werden und daß der Nachmann hiernach möglicherweise zwei Schuldner erhält. Die Ueberweisung der Forderung soll dem Nachmann materiell nur eine Sicherung seiner Forderung gegen seinen Vormann gewähren; es ist nicht angebracht, ihn durch diese Ueberweisung bezahlt zu machen. Der Vormann soll bezahlen, weil er vertragsmäßig dazu verpflichtet ist. Kommt er dieser Verpflichtung nach, so ist der Uebergang der Forderung auf den Nachmann mit rückwirkender Kraft aufgehoben (§ 17 Abs. 2). Der Nachmann muß seine Forderung löschen lassen, und die nach § 15 Abs. 3 eingetragene Forderung des Vormannes hat die Rechte der Bauforderung.

Dadurch, daß der Nachmann seine Forderung eintragen läßt, ist der Vormann vom praktischen Standpunkt aus nicht mehr behindert, als wenn der Nachmann ein Pfandrecht an der Forderung hat oder ihm die Einziehung nach § 6d Regierungsentwurf gesperrt ist. Welches Recht man auch dem Nachmann an der Forderung des Vormanns einräumen mag, an der Einziehung wird letzterer jeden Falls gehindert. Daher sind Bedenken gegen die gesetzliche Cession nicht vorhanden, der Schuldner des Vormanns wird nicht geschädigt, er muß sich die gesetzliche Cession ebenso wie eine freiwillige Abtretung gefallen lassen. Einzelheiten werden im besonderen Theile der Begründung zur Sprache gebracht werden.

Während die gesetzliche Abtretung der Bauforderung die Regel bildet, waren, um der Umgehung des Gesetzes vorzubeugen, eine Reihe von Bestimmungen nöthig, nach denen dem Nachmann ein Recht beigelegt werden mußte, wenngleich ein entsprechendes Recht des Vormanns nicht begründet war. Das ist namentlich der Fall, wenn der Eigenthümer oder Unternehmer seiner Pflicht zur Offenlegung der Verträge nicht nachkommt oder wenn bestimmte Vereinbarungen getroffen sind (§§ 20 fg.). In diesen Fällen entsteht eine Forderung des Nachmannes gegen den Schuldner des Vormannes (vgl. Regierungsentwurf §§ 6d, 7a und 7b).

Auch vor der Eintragung in die Liste, also vor der gesetzlichen Cession, ist der Vormann dem Nachmann gegenüber in der Verfügung über seine Forderung beschränkt (§ 18). Wenn der Unternehmer die ihm übertragene Herstellung des Bauwerkes weiter vergiebt, ist es nicht unbillig, ihm eine derartige Beschränkung aufzuerlegen. Aber die Zahlung fälliger Forderungen darf, wie eben erwähnt ist, nicht gehindert werden, insoweit die gesetzliche Abtretung noch nicht stattgefunden hat. Dieser selbstverständlichen Folgerung ist entgegen der Praxis bei der Fassung neuerer Gesetze im § 19 besonders Ausdruck gegeben, damit der Laie, der das Gesetz liest, weiß, was der Gesetzgeber will, und sich nicht auf Schlußforderungen und Erklärungen in den Motiven einzulassen braucht. Hierdurch soll nicht einer zu weitgehenden Kasuistik das Wort geredet werden, im Gegentheil, es handelt sich um Hervorhebung eines allgemeinen Grundsatzes, auf den Entscheidungen im Einzelfalle aufgebaut werden können.

Ausschließung des Nachmannes durch Vertrag.

Bemerkt mag noch werden, daß das Bestreben der Eigenthümer dahin gehen wird, durch den Bauvertrag die Uebertragung des Werkes auf einen Nachmann auszuschließen, damit sie sich den Unbequemlichkeiten des Gesetzes entziehen. M. E. ist eine solche Ausschließung der Nachmänner nicht ganz zu verbieten, wenn sie in offengelegten Verträgen erfolgt ist (§ 23). Um aber Umgehungen des Gesetzes zu verhindern, habe ich als weitere Voraussetzung vorgeschlagen, daß dies Verbot der Uebertragung an Nachmännern diese nur ausschließt, wenn die von dem Vormann übernommene Leistung zu denjenigen Leistungen gehört, welche er in seinem Gewerbebetrieb ohne Uebertragung auf Nachmänner auszuführen pflegt. Ohne diesen Zusatz würde der Eigenthümer etwa auf Verlangen des Baugeldgebers in seinem Vertrage mit dem Generalunternehmer die Nachmänner ausschließen und so das Gesetz umgehen. Die Bestimmung des § 21 Abs. 3, daß Festsetzungen, die in der Absicht getroffen sind, die Nachmänner zu benachtheiligen, unwirksam sind, reicht hier nicht aus.

Wenn aber ein Maurermeister Maurerarbeiten übernimmt und die Weiterübertragung auf einen Nachmann ausgeschlossen wird, so ist kein Grund vorhanden, einer solchen jedem Betheiligten durch die offengelegten Verträge bekannten Bestimmung die Rechtswirkung zu versagen. Es ist im Gegentheil wünschenswerth, daß der Kreis der Nachmänner auf diese Weise beschränkt wird.

Bauliste.

Um Klarheit über die zu berücksichtigenden Bauforderungen zu schaffen und um die Abtretung kraft Gesetzes an den Nachmann festzulegen, soll nach meinem Vorschlag die Bauliste des § 12 angelegt werden. Da diese Liste nothwendig ist, ist es auch praktisch, sie zur Uebersicht über anderweite den Bau betreffende

Nachrichten zu verwerthen. Der Eigenthümer, die Bauverträge, die Sicherheit, die geleistet ist, der Baugeldervertrag und die Zahlungen aus diesem Vertrage sollen eingetragen werden. Die Eintragungen haben nicht nur verschiedene Voraussetzungen, sondern auch verschiedene Rechtswirkungen. Unmittelbare Bauforderungen sind ohne Eintragung entstanden, werden aber nur berücksichtigt, wenn sie eingetragen sind (§ 14). Bei mittelbaren Bauforderungen wird der gesetzliche Uebergang der Forderung durch die Eintragung vollzogen (§ 7). Die Eintragung der Verträge hat lediglich die Wirkung, daß auf die offengelegten Verträge verwiesen wird, während der Löschung im § 13 Abs. 6 eine besondere Rechtswirkung beigelegt ist. Die Eintragung des Eigenthümers, des Baugeldvertrages, der Zahlungen aus demselben und der Sicherheit ist angeordnet, um den Betheiligten die Uebersicht über die Bauverhältnisse zu gewähren. Durch § 12 Abs. 4 ist dafür gesorgt, daß jeder Dritte sich Kenntniß und Abschriften von der Liste verschaffen kann. Daher kann auch von der Vorschrift des Regierungsentwurfs (§ 16), daß die Einsicht des Grundbuchs während der Bauzeit einem Jeden zu gestatten, abgesehen werden.

Einen besonderen Vorzug der Liste sehe ich darin, daß es dem Baugläubiger möglich ist, mit Willen des Eigenthümers und anderweiten Vormanns eine Sicherung zu erwerben, bevor die Verwendung stattgefunden hat, bevor also die Bauforderung als solche entstanden ist (§ 14). Diese Sicherung der Bauforderung wird der Eigenthümer eher bewilligen, als heute ein Pfandrecht am Grundstück, denn ihm bleibt sein Widerspruchsrecht im Vertheilungstermin, und er hat nach § 13 Abs. 6 das Recht durch Antrag auf Löschung des Bauvertrages die weitere Entstehung der Bauforderung abzuschneiden. Die Anlegung der Liste soll durch den Grundbuchführer erfolgen, und bleibt dem Grundbuchamt nach Maßgabe der Bestimmungen über die freiwillige Gerichtsbarkeit mit Ausnahme des Falles, in dem eine Zwangsversteigerung eingeleitet ist, die weitere Bearbeitung der Sache (§§ 12, 14 fg.). Durch Uebertragung der Bearbeitung der Sache an eine andere Abtheilung des Amtsgerichtes würden Verzögerungen und unnützes Schreibwerk entstehen.

Vertheilungsverfahren.

Nach Abnahme des Baues oder Erlöschen der Bauerlaubniß hat der Grundbuchrichter einen Vertheilungstermin anzusetzen und eine Ausschlußfrist für die Anmeldung der Bauforderungen und Zahlungen der Baugelder, auf welche der Vorrang des Baugeldgebers sich gründet (§ 25), zu bestimmen (§ 29). Die Grundlage für das Verfahren bildet die Bauliste; es ist den Bestimmungen der §§ 872 fg. C.P.O. nachgebildet und bietet den großen Vortheil, daß durch die Contumacialfolgen, die an die Versäumung des Widerspruchs geknüpft sind, eine große Menge Streitigkeiten beseitigt und durch den Zwang zur Klage (§ 31) entstandene Streitigkeiten zur schleunigen Erledigung gebracht werden. Erfahrungsmäßig sind Betheiligte häufig schwer dahin zu bringen, irgend eine positive Erklärung, zu der sie gesetzlich nicht verpflichtet sind, abzugeben, während sie Versäumnißfolgen über sich ergehen lassen. Auch liegt es in der Hand eines verständigen Richters, durch die Verhandlungen die Widersprüche auf das richtige Maß zu beschränken. In den bei weitem meisten Fällen wird der Widerspruch sich auf mangelhafte Leistung stützen. In einem solchen Fall soll häufig nur ein Theil der Bauforderung bestritten werden. Durch die Verhandlung kann diesem Umstand bei Feststellung der Widersprüche Rechnung getragen werden.

Baugelderhypothek.

Wie oben hervorgehoben ist, darf dem Baugeldgeschäft unter keiner Bedingung seine Lebensluft abgeschnitten werden. Das Gesetz muß hier besonders vorsichtig sein. Ein Gewerbe, dem man Schranken auferlegt, sucht sich mit dem Gesetze recht oder schlecht abzufinden. Wer aber sein baares Geld gegen Hypothek giebt, verlangt zweifellose Sicherheit, sonst sucht er sich eine anderweite Anlage für sein Geld.

Der Regierungsentwurf giebt dem Baugeldgeber den Vorrang vor der Bauhypothek wegen derjenigen Zahlungen, die an die Baugläubiger oder an den Eigenthümer in Höhe der bezahlten Bauforderungen geleistet sind. Der Geldgeber muß also prüfen, ob derjenige, der bezahlt wird, in Wirklichkeit Baugläubiger ist. Um ihm diese Prüfung abzunehmen, giebt ihm der Regierungsentwurf das Recht, die gerichtliche Bestellung eines Treuhänders zu beantragen. Wenn dieser, dem die Rechte und Pflichten eines gerichtlichen Pflegers beigelegt sind, die Anweisung zur Zahlung an einen bestimmten Baugläubiger giebt, ist der Vorrang des Geldgebers vor der Bauhypothek unbedingt festgestellt und wird auf Antrag in das Grundbuch eingetragen. Ob sich das Institut in der Praxis bewähren wird, ist fraglich. Erfahrungsmäßig sind Vertreter der Interessen anderer, wie Vormünder, Pfleger, Testamentsvollstrecker, viel vorsichtiger bei Abgabe von Erklärungen, als die Betheiligten selbst. Bei irgend welchem Zweifel werden die Treuhänder Anstände erheben und dadurch die prompte Auszahlung der Baugelder an die Baugläubiger verzögern. Viele Eigenthümer werden auch daran Anstand nehmen, daß durch einen öffentlichen Anschlag auf dem Bau die Auszahlung des Baugeldes durch einen Dritten bekannt gemacht werden soll, sie werden darin eine öffentliche Bezeugung des Mißtrauens gegen ihre Person finden.

Da aber die Bestellung des Treuhänders von einem Antrag abhängig sein soll, habe ich die Bestimmung in den § 28 meines Entwurfs übernommen. Der Antrag soll indessen nach meinem Vorschlage nicht vom Baugeldgeber allein, sondern gleichzeitig vom Eigenthümer, in dessen Rechte eingegriffen wird, ausgehen.

Mein Entwurf bemüht sich, eine weitere Möglichkeit des Baugeldgeschäfts offen zu halten. Hierfür giebt die Bauliste eine ausreichende Grundlage. Die Prüfung, der sich der Geldgeber heute bei Auszahlung einer Rate unterzieht, ist die, ob der Bau thatsächlich in bestimmter Weise gefördert ist. Neben dieser Prüfung ist ihm durch meinen Entwurf nur die einfache Prüfung auferlegt, ob der Baugläubiger, der ihm außer dem Eigenthümer Quittung zu leisten hat, nach der Bauliste zur Empfangnahme des Geldes legitimirt ist. Ausdrücklich bestimmt der § 26 Abs. 1, daß der Baugeldgeber geschützt ist, wenn die Leistungen in den Bau von dem Baugläubiger oder von einem anderen verwendet sind. Wenn er sich in gutem Glauben über die Verwendung befunden hat, braucht er nicht den Einwand zu fürchten, daß diese Verwendung nicht vorgenommen ist (§ 26 Abs. 1 a. E.). Stürzt z. B. ein Neubau wegen mangelhafter Ausführung des Baugläubigers ein und zeigt sich also, daß eine Forderung des

Baugläubigers für Verwendung nicht besteht, so soll dies dem Geldgeber nicht nachtheilig sein. Thatsächlich wird der Geldgeber daher gegen Quittung des Generalunternehmers oder andern größeren Unternehmers zahlen. Ergiebt sich ein Streit unter den Betheiligten, kann er hinterlegen (§ 26 Abs. 3). Die Nachmänner hat er zu berücksichtigen, wenn sie eingetragen sind (Abs. 2). Bei einem Streit hilft wieder das Hinterlegungsrecht. Der § 32 Abs. 4 schützt den Geldgeber ferner dagegen, daß er durch Widerspruch im Vertheilungsverfahren gegen die aus der Liste ersichtliche Legitimation genöthigt wird, sich auf eine Klage einzulassen (vgl. § 34 Abs. 1). Dieser Schutz ist ihm gewährt, weil zu erwarten ist, daß Nachmänner, die sich nicht rechtzeitig eintragen ließen, gegen die Auszahlung der Raten grundlos Widerspruch erheben werden. Es ist noch auf die Bestimmung hinzuweisen, daß Nachmänner unberücksichtigt gelassen werden können, soweit die fällige Forderung des Vormannes den durch die gesetzliche Abtretung an die Nachmänner übertragenen Betrag übersteigt (§ 26 Abs. 2 a. E.). Der Schuldner des Vormannes soll dagegen nach § 18 Abs. 2 den Nachmann berücksichtigen, ehe er die nicht gesperrte Rate dem Vormann auszahlt. Der Geldgeber soll aber dies nicht zu prüfen haben. Er hat das Vorrecht, wenn er nur überhaupt Bauforderungen bezahlt hat. Der Eigenthümer wird freilich, damit er seiner Verpflichtung aus § 18 Abs. 2 nachkommt, dafür sorgen müssen, daß erst der Nachmann bezahlt wird und demgemäß seine Anweisung an den Geldgeber geben, diesen soll aber das nichts angehen. Hat z. B. der Generalunternehmer eine Forderung von 100000 Mark gegen den Eigenthümer, hiervon sind 50000 Mark fällig, und ein Nachmann ist in Höhe von 25000 Mark eingetragen, so kann der Geldgeber die Baugeldrate von 25000 Mark an den Vormann, den Generalunternehmer zahlen. In der Praxis wird voraussichtlich der Bauvertrag mit dem Baugeldervertrag in Uebereinstimmung gebracht werden. Häufig wird vereinbart werden, daß eine Zahlung der Baugeldrate nur gegen Quittung des Generalunternehmers und der eingetragenen Nachmänner erfolgen soll. Vielfach sollen durch die Baugelderhypothek noch Provisionen und andere Vortheile gesichert werden, oder der Geldgeber will mit den späteren Raten gegen die fälligen Zinsen der früheren Raten aufrechnen. Wegen der Nebenleistungen und der Zinsen muß sich der Geldgeber mit dem Range nach der Bauhypothek begnügen. Wenn die vor dem Bauvermerk eingetragenen Lasten den Baustellenwerth nicht erreichen, kann er sich vorher bis zur Höhe dieses Werthes durch Eintragung einer Hypothek sichern.

Hiermit soll die allgemeine Begründung des Gegenentwurfs geschlossen werden; im Uebrigen wird auf die folgenden Bemerkungen zu den einzelnen Paragraphen verwiesen. Erwähnt sei noch, daß die Besprechung des Regierungsentwurfs nicht auf diejenigen Theile ausgedehnt ist, die nach dem Gegenentwurf von selbst wegfallen. (Vgl. z. B. §§ 27—34, § 21 Abs. 2).

Besondere Begründung.

§§ 1. 2. 3.

Die ersten drei Paragraphen sind im Wesentlichen aus dem Regierungsentwurf, auf dessen Begründung verwiesen wird, übernommen. Die vorgenommenen Aenderungen sind oben S. 28 fg. besprochen.

§ 4.

Der § 4 Abs. 2—4 handelt von der Festsetzung des Werthes, der dem Bauvermerk vorgehenden Lasten. Auch hierbei schließe ich mich im Wesentlichen dem Regierungsentwurf an. Ich halte indessen die Berücksichtigung von Reallasten, die nicht in Geldleistung bestehen, und anderweiten, auf dem Grundstück eingetragenen Rechten mit Ausnahme der Dienstbarkeiten und des Vorkaufsrechts für nothwendig, denn sie können eine bedeutende Belastung des Grundstücks darstellen. Die Grunddienstbarkeiten, das Vorkaufsrecht und die beschränkten persönlichen Dienstbarkeiten können kaum die Sicherheit der Bauhypothek wesentlich beeinträchtigen. Einer besonderen Behandlung bedarf aber der vor dem Bauvermerk eingetragene Nießbrauch. (Vgl. meine Abhandlung a. a. O. S. 16.) Einerseits steht dem Nießbraucher nach allgemeinen Bestimmungen das Recht zu, die Bebauung des Grundstücks zu verhindern, andrerseits ergreift sein Realrecht das neu errichtete Gebäude. Geht im Falle der Zwangsversteigerung die Forderung des betreibenden Gläubigers dem Nießbrauch vor, so kann sich nach §§ 92, 121 Zwangsversteigerungsgesetz eine recht erhebliche Summe der Bauhypothek vorschieben. Liegt aber der Nießbrauch im geringsten Gebot, dann bleibt er bestehen. Das Grundstück ist unverkäuflich, denn es wird sich kaum ein Käufer finden, der auf unbestimmte Zeit die Nutzungen desselben entbehren will. Die Verweisung der Regierungsmotive auf das Anfechtungsgesetz (Reichsgesetzblatt 1898 S. 709) bei Eintragung eines Nießbrauchs für die Ehefrau oder nahe Verwandte giebt den Baugläubigern keinen ausreichenden Schutz. Es ist erwogen, ob die gesetzliche Verwandlung des Nießbrauchs in eine Rente vom Baustellenwerth festzusetzen ist. Da aber der Nießbraucher den Bau kraft seines Rechts verhindern kann und da er von dem Bau Nutzen hat, ist es nicht unbillig, ihn im Range hinter die Bauhypothek zurücktreten zu lassen. Dies bestimmt der § 33 Abs. 1 meines Entwurfs. Ehe der Nießbraucher seine Einwilligung zum Bau giebt, kann er sein Recht an der Baustelle durch den Eigenthümer in eine Rente umwandeln lassen (§ 1105 B.G.B.), und diese wird bei Bemessung der Voreintragungen berücksichtigt. Um das Recht des Nießbrauchers, den Bau zu verbieten, zu schützen, ist die Eintragung des Bauvermerkes nach § 10 von seiner Zustimmung abhängig gemacht. Geschähe dies nicht, so könnte der Eigenthümer die Rechte des Nießbrauchers über seinen Kopf weg verkürzen.

§ 5.

Die Angriffe der Gegner des Entwurfs von 1897 stützten sich vielfach darauf, daß eine einigermaßen sachgemäße Feststellung des Baustellenwerthes für praktisch undurchführbar gehalten wurde. Wie ich bei meiner Besprechung dieses Entwurfs a. a. O. S. 15 ausgeführt habe, ist die Ermittlung des Baustellenwerthes bei Annahme des Vorschlages des § 1 nicht mehr von der weittragenden Bedeutung wie nach dem früheren Entwurf, da nicht mehr der Rang einer Hypothek, sondern die Höhe einer Sicherheit von dieser Feststellung abhängig ist. Wenn das Landesgesetz oder landesherrliche Verordnung ähnlich wie im § 11 des Entwurfs eines Ausführungsgesetzes zum Entwurf 1897 Einheitssätze für das Quadratmeter unter Berücksichtigung von Vorder- und Hinterland anordnet, wird der Eigenthümer in den meisten Fällen lieber eine etwas höhere Sicherheit bestellen, als ein kostspieliges Verfahren auf Feststellung des Baustellenwerthes verlangen. Im Uebrigen wird auf die Begründung des Regierungsentwurfs verwiesen. Ueber die Kosten (§ 5 a. E., Regierungsentwurf) handelt § 44.

§ 6.

Welche Personen als Baugläubiger zu berücksichtigen sind, ist in der allgemeinen Begründung besprochen S. 35 fg. Die §§ 8 und 9 des Regierungsentwurfs sind im Wesentlichen in den § 6 aufgenommen. Ich glaubte indessen die Bestimmung des § 8 Satz 2 des Regierungsentwurfs, daß eine theilweise Berücksichtigung einer Verwendung stattzufinden habe, wenn sie zum Theil erfolgt sei, entbehren zu können. Entweder steht dem Gläubiger wegen seiner theilweisen Leistung ein Recht zu, dann wird er durch § 6 gedeckt, oder es steht ihm vertragsmäßig kein Recht zu, dann ist ein Schutz nicht angebracht. Für die Geltendmachung der Bauforderung im Zwangsversteigerungsverfahren sind besondere Vorschriften erlassen.

§ 7.

Im § 7 ist die oben S. 40 erwähnte Abtretung der Forderung kraft Gesetzes behandelt. Diese gesetzliche Uebertragung ist davon abhängig gemacht, daß der Nachmann in die Liste eingetragen ist; aber die Eintragung allein genügt nicht, die Forderung des Nachmannes muß auch in der That Bauforderung sein, d. h. die Leistung aus einem Werkvertrage muß in das Grundstück verwendet sein.

Durch die Legalcession ist nicht nur ein Recht auf Sicherung übertragen, sondern die Forderung selbst aus dem Vertrage geht unter den gesetzlichen Voraussetzungen über. Mit Sicherheit kann der Schuldner des Vormannes nur gegen Quittung des Vormannes und Nachmannes zahlen, denn eine spätere Prüfung der Sachlage durch den Richter kann ergeben, daß die Voraussetzungen der gesetzlichen Abtretung nicht vorlagen. Sind Beide nicht einig, hat der Schuldner nach § 18 Abs. 2 das Recht der Hinterlegung.

Die Nachmänner können im Allgemeinen nur dann ein Recht erwerben, wenn der Vormann ein solches hatte; nur in diesem Fall ist die gesetzliche Cession denkbar. Nach den Absätzen 1 und 2 dieses Paragraphen würde die Forderung eines früher eingetragenen Nachmannes der Forderung des späteren Nachmannes vorgehen, insoweit die Forderung des Vormannes nicht zur Befriedigung aller Nachmänner ausreicht. Z. B. der Eigenthümer E. hat den Bau an den Generalunternehmer V. für 100000 Mark vergeben, V. hat ihn an N. und O. mit je 40000 Mark weiter übertragen, E. zahlt vor irgend einer Eintragung eines Nachmannes dem offengelegten Vertrage gemäß 60000 Mark (vgl. § 18 und 19); nun läßt N. seine 40000 Mark eintragen, dann würde nach den Regeln der Cession die ganze Restforderung der 40000 Mark dem N. zustehen und O., der später eingetragen ist, leer ausgehen. Mit dem Regierungsentwurf halte ich es indessen für billig, daß O. mit gleichem Recht an der Forderung des V. Theil hat. Nach Abs. 3 dieses Paragraphen werden Beide mit je 20000 Mark berücksichtigt. Beide trifft der Schaden, der unvermeidlich ist, da die aus den offengelegten Verträgen geschuldeten Zahlungen nicht beschränkt werden dürfen. Die theoretische Erwägung, daß eine rechtsgültige Uebertragung der Forderung in diesem Fall zu Gunsten eines späteren Berechtigten wieder rückgängig gemacht wird, ist nicht geeignet, die der Billigkeit entsprechende Festsetzung des Entwurfs zu beeinflussen. Benachtheiligt ein Nachmann den andern dadurch, daß er sich eine besonders hohe Vergütung festsetzen läßt, so kann der Benachtheiligte nach Satz 3 Abs. 3 Abhülfe verlangen und sein Recht im Vertheilungsverfahren durch Widerspruch zur Geltung bringen.

§ 8.

Der § 8 übernimmt den § 36 des Regierungsentwurfs unter Anwendung der Grundsätze des Gegenentwurfs; die Betonung, daß das Rechtsgeschäft nichtig ist, erscheint zweckentsprechend.

§ 9.

Dem Regierungsentwurf § 15 Abs. 3 gemäß sollen Zinsen nicht in die Bauforderung eingerechnet werden. Dieselben Gründe, wie für die Nichtberücksichtigung der Zinsen sprechen auch gegen die Einrechnung der Kosten. Dies hindert nicht, daß die Kosten der Geltendmachung der eingetragenen Bauhypothek im Zwangsversteigerungsverfahren ebenso wie bei anderen eingetragenen Hypotheken liquidirt werden können.

§ 10.

Der § 10 meines Entwurfes entspricht im Wesentlichen dem § 10 des Regierungsentwurfes. Der Satz 2 Abs. 1 dieses letzteren Entwurfes, daß die Baustelle vom Grundbuchblatt abzuschreiben, wenn sie einen Theil des Gesammtgrundstücks bildet, ist nicht übernommen. Die Baugläubiger haben kein Interesse an dieser Abschreibung, denn ihnen haftet, wenn sie unterbleibt, ein größeres Pfandobjekt. Die Vorschrift kann aber zu Verzögerungen und Weiterungen führen, wenn eine Meinungsverschiedenheit zwischen Eigenthümer und Grundbuchrichter darüber entsteht, was als Baustelle zu betrachten ist, ob z. B. ein Hausgarten dazu gehört oder wenn das zur Abschreibung nothwendige Katastermaterial schwer zu beschaffen ist. In den meisten Fällen wird der Eigenthümer in eigenem Interesse für die Abschreibung sorgen.

Die Nothwendigkeit der Zustimmung des Nießbrauchers zur Eintragung des Bauvermerkes ist beim § 4 erörtert. Der Abs. 2 § 10 des Regierungsentwurfes ist nicht übernommen, da das Verfahren kaum zu einer Vereinfachung führen dürfte.

§ 11.

Der § 11 entspricht dem Regierungsentwurf § 11.

§ 12.

Der Zweck und die Bedeutung der Bauliste ergiebt sich aus den allgemeinen Erörterungen S. 42 fg.

Die Eintragungen erfolgen im Allgemeinen durch den Grundbuchführer von Amtswegen. Wegen der besonderen Wichtigkeit der Eintragungen und Löschungen von Bauforderungen sind diese Akte jedoch von der Anordnung durch den Richter abhängig gemacht.

Um die Betheiligten auf dem Laufenden zu erhalten, sollen sie von allen Eintragungen in die Liste benachrichtigt werden (Abs. 3 und 4). Die Form der Benachrichtigung richtet sich nach § 44.

Die Ausführungsbestimmungen über die Anlegung und Führung der Liste sind der Landesjustizverwaltung überlassen. Es dürfte sich hierbei empfehlen, eine umfassende Bezugnahme des Eintragungsvermerks auf die zu Grunde liegenden Schriftstücke anzuordnen.

§ 13.

Die Bestimmungen über die Offenlegung der Verträge schließen sich im Wesentlichen dem Regierungsentwurf § 7 an. Die Offenlegung soll erfolgen. Damit ist eine Pflicht im Allgemeinen, aus der das Recht der Betheiligten Schadensersatz bei Versäumung zu erlangen, nicht festgestellt. Eine solche Pflicht hat, wie oben ausgeführt ist, wenig praktische Bedeutung. M. E. genügen die besonderen Vorschriften, die der Gegenentwurf an diese Versäumung knüpft.

Im Abs. 6 ist angeordnet, daß die Löschung eines Vertrages in der Liste auf einseitigen Antrag des zur Offenlegung Verpflichteten erfolgt und daß die späteren Leistungen keine Bauforderungen begründen. Bei den vielfachen Rechtswirkungen, die die Offenlegung der Verträge im Gefolge hat, ist es nothwendig, die Voraussetzungen und Folgen zu bestimmen, die diese Löschung hat. Der Billigkeit entspricht es, daß der Antrag des zur Offenlegung Verpflichteten allein hierzu genügt. Der Baugläubiger soll geschützt werden, wenn er geleistet hat, und dies geschieht dadurch, daß seine Leistungen bis zur Löschung eine Bauforderung begründen. Würde die Löschung an seine Zustimmung gebunden sein, so würde er einen mittelbaren Druck auf den Besteller ausüben können, ihm die Ausführung des Werkes zu belassen. Dies sollte vermieden werden. Seine Rechte kann er anderweitig gegen den Besteller durchsetzen. Es mag noch darauf hingewiesen werden, daß im Allgemeinen das Bestehen einer Bauforderung nicht davon abhängig ist, daß sie sich auf offen gelegte Verträge stützt. Hier hat aber die Löschung des Bauvertrages die Folge, daß später eine Bauforderung für den betreffenden Gläubiger nicht entstehen kann. Im Allgemeinen wird der Besteller in der Lage sein, durch Annahmeverweigerung der weiteren Leistung das Entstehen einer Bauforderung unmöglich zu machen. Indessen sind doch Fälle denkbar, in denen es zweifelhaft ist, ob eine Forderung für eine nachträgliche Leistung zu berücksichtigen ist, wenn es sich z. B. um die Forderung eines Nachmannes handelt und es sich nachträglich herausstellt, daß der Eigenthümer dem Vormann zu Unrecht den Bau entzogen hat.

§ 14.

Der § 14 enthält den oben S. 43 besprochenen allgemeinen Grundsatz, daß Bauforderungen nur dann zu berücksichtigen sind, wenn sie in die Bauliste eingetragen sind.

Zweifelhaft kann es sein, wie bedingte und betagte Bauforderungen zu behandeln sind. Vom praktischen Standpunkt ist die Lösung des § 14 vorgeschlagen. An sich steht der Eintragung bedingter und betagter Ansprüche nichts entgegen, sie kann also mit dem Willen des Eigenthümers und der Vormänner erfolgen. Es ist auch kein Grund vorhanden, der betagten Bauforderung den Schutz der Eintragung zu versagen, wenn der Eigenthümer widerspricht, denn sie besteht vor dem Tage der Fälligkeit zu Recht. Daß die Verwendung in den Bau stattgefunden haben muß, versteht sich von selbst und ist im § 16 Abs. 3 vorgeschrieben. Dagegen erscheint es nicht angebracht, dem bedingten Baugläubiger die Durchsetzung der Eintragung seiner Bauforderung wider den Willen des Vormannes zu gestatten, denn wer die Zahlungspflicht des Gegners von einem zukünftigen ungewissen Ereigniß abhängig macht, muß billigerweise den Eintritt des Ereignisses abwarten, ehe er den ausnahmsweisen Schutz, den das Gesetz gewährt, in Anspruch nehmen kann (§ 16 Abs. 3).

Anders sind die bedingten und betagten Forderungen im Vertheilungstermin zu behandeln. Giebt der Baugläubiger längere Zeit über die Abnahme Kredit oder macht er seine Forderung von einer später eintretenden Bedingung abhängig, so soll er, insoweit Jemand im Termin Widerspruch erhebt, keinen Anspruch auf Sicherung haben, § 32 Abs. 5. Von der Erhebung dieses Widerspruchs ist nur derjenige ausgeschlossen, der seine Zustimmung zur Eintragung gegeben hat. Hat also z. B. ein Eigenthümer selbst eine Bauforderung, die ein Jahr nach dem Vertheilungstermin fällig ist, eintragen lassen, so kann nur ein anderer Baugläubiger, dessen Rechte durch die Konkurrenz benachtheiligt wird, den Widerspruch durchsetzen, und wird dadurch erreichen, daß seine Forderung der bestrittenen Forderung vorgeht (vgl. § 33 Abs. 3).

Mit Willen des Eigenthümers und der Vormänner kann die Eintragung auch dann erfolgen, wenn die Gegenleistung in den Bau noch nicht verwendet ist. Ebenso wenig wie vom juristischen Standpunkt aus der Eintragung einer Hypothek in das Grundbuch etwas entgegensteht, wenn die Forderung noch nicht entstanden ist, soll auch die Eintragung einer Bauforderung zugelassen werden, wenn ihr Entstehen in der Zukunft in Aussicht steht (vgl. oben S. 43).

§§ 15, 16.

Für die Anmeldung der Forderungen ist die schriftliche Form oder die Erklärung zu Protokoll des Gerichtsschreibers für ausreichend erachtet (§ 15 Abs. 1). Da jedem Betheiligten im späteren Verfahren ein Widerspruchsrecht zusteht, hat dies kein Bedenken. Abs. 3 § 15 ist oben erörtert. Die Eintragung in die Liste geschieht auf Antrag des Vormanns mit Zustimmung der weiteren Vormänner oder auf Antrag des Baugläubigers. Nach dem Regierungsentwurf § 13 hat der Baugläubiger, wenn seine Forderung berücksichtigt werden soll, bis zum Ablauf der Anmeldefrist die Einwilligung des Eigenthümers und der Vormänner oder eine einstweilige Verfügung beizubringen. Meines Erachtens ist das von mir vorgeschlagene Verfahren einer Ermittlung durch den Grundbuchrichter, dem das Material zum Theil bekannt ist, einfacher. Die Entscheidung durch den Grundbuchrichter soll unanfechtbar sein, weil die Rechte der Betheiligten durch das Widerspruchsverfahren (§§ 31, 32) genügend geschützt sind und hierdurch weitläufige und langwierige Erörterungen abgeschnitten werden.

Das Verfahren ist derart geordnet, daß die Bauforderung auf Antrag des Baugläubigers eingetragen und dann auf Widerspruch eines bei dieser Forderung Betheiligten gelöscht wird, wenn sie nicht binnen einer bestimmten Frist glaubhaft gemacht ist (§ 16 Abs. 1). Man könnte für die Eintragung auf Antrag eines Baugläubigers von vorn herein Glaubhaftmachung fordern, indessen wird die Sache durch das anscheinend komplizirtere Verfahren deswegen vereinfacht, weil der Eigenthümer oder Vormann in vielen Fällen Widerspruch nicht erheben, also die Glaubhaftmachung unnöthig machen wird.

§ 17.

Die Löschung der Bauforderung erfolgt nach § 4 Abs. 1 auch wenn für die Forderung Sicherheit geleistet ist (vgl. Regierungsentwurf § 14 Abs. 3, meine Abhandlung a. a. O. S. 10).

Der Löschung der Bauforderung ist im Abs. 2 rückwirkende Kraft beigelegt, da die Legalcession wieder aufgehoben werden muß, wenn die Forderung des Gläubigers getilgt ist. Z. B. der Nachmann läßt seine Forderung eintragen, der Vormann bezahlt ihn, wie es seine Pflicht ist (§ 22), dann ist die Abtretung aufgehoben, und die nach § 15 Abs. 3 eingetragene Forderung des Vormannes bleibt Bauforderung.

§ 18.

Der § 18 Abs. 1 enthält die oben besprochenen Beschränkungen der Verfügung des Vormannes über seine Bauforderung zum Nachtheile des Nachmannes. Daß die Aufrechnung mit einer Bauforderung unwirksam ist, wurde, um Zweifel auszuschließen, hervorgehoben, obgleich man in solcher Aufrechnung eine unzulässige Verfügung finden kann.

§ 18 Abs. 1 trifft die Bestimmungen über die Zahlungen. Da die eingetragenen Nachmänner an der Forderung des Vormanns antheilweise berechtigt sind, so ist es auch billig, dem Schuldner des Vormanns die Pflicht aufzuerlegen, Jeden antheilsweise zu befriedigen. Z. B. der Eigenthümer E. hat den Bau für 100 000 Mk. an V. vergeben, 60 000 Mk. sind vor jeder Eintragung an V. gezahlt. Nachträglich lassen sich N. und O. mit je 40 000 Mk. als Nachmänner des V. eintragen, E. hat nun an Jeden 20 000 Mk. zu zahlen. Wenn aber N. allein als Nachmann mit 20 000 Mk. eingetragen ist, so hat E., dessen Restschuld von 40 000 Mk. etwa mit 20 000 Mk. fällig ist, dem N. die 20 000 Mk. zu zahlen und darf nicht etwa an V. zahlen und den N. auf den später fälligen Rest vertrösten. Dies ist angeordnet, damit durch die Zahlung an den Vormann N. nicht benachtheiligt wird, denn er kann bei der späteren Rate mit inzwischen eingetragenen Nachmännern konkurriren, auch werden spätere Nachmänner dadurch geschützt. Der Eigenthümer kann, wenn die Betheiligten nicht einig sind, hinterlegen. Wegen der Zahlungen des Baugeldgebers vgl. S. 46.

§§ 19, 20.

§ 19 ist oben besprochen. § 20 handelt von der Versäumung der Offenlegung der Verträge.

Wenn ein Vertrag nicht offen gelegt ist, so gilt der Grundsatz, daß der Nachmann nach seiner Wahl sich auf den thatsächlich geschlossenen Vertrag berufen oder davon ausgehen kann, daß der Vormann sich den üblichen Preis seiner Leistungen ausbedungen habe.

Ist der Vertrag dagegen offen gelegt, so kann sich der Nachmann jedenfalls auf dasjenige berufen, was in dem Vertrage steht, mögen auch die Betheiligten etwas Anderes vereinbart haben. Andererseits kann er auch auf die thatsächlichen Vereinbarungen zurückgreifen. Hieraus ergiebt sich, daß wenn in dem offen gelegten Vertrag wahrheitsgemäß ein besonders niedriger Preis festgesetzt ist, der Nachmann hiergegen nichts ausrichten kann.

Um alle Schwierigkeiten zu beseitigen, hat der Schuldner des

Vormannes nur ein Mittel, nämlich wahrheitsgemäße Angaben in offen gelegten Verträgen zu machen, und dies wollen die Vorschläge meines Entwurfes erreichen.

§ 21.

Der § 21 Abs. 1 wendet sich gegen die Umgehung des Gesetzes für den Fall, daß nicht in Geld festgesetzte Vergütungen vereinbart werden. Z. B. A. baut auf der Baustelle des B. und B. verpflichtet sich dagegen, auf der Baustelle des A. zu bauen. Der Billigkeit entspricht es, daß sich die Eigenthümer die Umsetzung der Vergütung in Geld den Nachmännern gegenüber gefallen lassen müssen.

Abs. 2 will den Fall treffen, daß den Vormännern vertragsmäßige Abzüge, z. B. auf Grund von Vertragsstrafen gemacht werden können. Die Nachmänner sollen durch solche Abzüge nur benachtheiligt werden können, wenn sie auf offen gelegten Verträgen oder Gesetz beruhen. Es folgt dies aus demselben Grundsatz, wie die Bestimmung des § 20.

Der Abs. 3 giebt für die Fälle von arglistigen Festsetzungen der offen gelegten Verträge eine Handhabe zum Schutze der Nachmänner und demgemäß eine Generalklausel zu den anderweiten, besonderen Bestimmungen.

§§ 22, 23.

Vgl. S. 41, 42.

§§ 24—28.

§§ 24—28 behandeln die Baugelderhypothek und sind S. 44 erörtert. Bemerkt mag noch werden, daß nur die bis zum Abschluß der Ausschlußfrist angemeldeten Zahlungen nach dem Aufbau des Verfahrens berücksichtigt werden können (§ 25 Abs. 1). Will sich der Geldgeber seinen Vorrang sichern, so muß er die Verträge danach einrichten.

Nach § 27 Abs. 2 soll das Vorrecht aus den Zahlungen einer zweiten Baugelderhypothek im Range dem Vorrecht der Zahlungen aus der ersten Baugelderhypothek nachstehen. Dies ergiebt sich aus allgemeinen Grundsätzen des Grundbuchrechts, die Hervorhebung dürfte sich aber dennoch empfehlen.

§ 29—35.

Demnächst wird das Vertheilungsverfahren und die Ausschlußfrist geregelt. Sofort nach dem Eintreffen der Anzeige der Bauabnahme oder des Erlöschens der Bauerlaubniß, hat der Richter den Vertheilungstermin anzusetzen und die Ausschlußfrist zu bestimmen. Schwebt bei Ablauf der Ausschlußfrist nach § 29 Abs. 4 ein Ermittelungsverfahren zum Zwecke der Eintragung einer Bauforderung (§ 16), so ist es für erledigt zu erachten, weil den Betheiligten durch das Widerspruchsverfahren im Allgemeinen genügend Gelegenheit gegeben ist, ihre Rechte geltend zu machen. Sind Bauforderungen nicht angemeldet, so ist das Verfahren erledigt und der Bauvermerk zu löschen, die Sicherheit zurückzugeben u. s. w. Sind Bauforderungen angemeldet und deckt die Sicherheit des § 1 oder ein nachträglich vom Eigenthümer hinterlegter Betrag die eingetragenen Bauforderungen, so ist naturgemäß der Bauvermerk auch zu löschen, und das Verfahren beschränkt sich auf die Baarmasse. Durch § 30 Abs. 2 ist aber dem Eigenthümer das besondere Recht gewährt, über den Betrag der Bauforderungen durch Eintragung einer Hypothek oder Grundschuld zu verfügen. Häufig wird dem Eigenthümer daran liegen, seine Hypothekenverhältnisse schnell zu ordnen und die Baugläubiger prompt zu bezahlen. Er kann dies dadurch thun, daß er den Realkredit in Anspruch nimmt und mit der Valuta der einzutragenden Hypothek die Baarmasse herstellt oder ergänzt. Der Baugeldgeber ist hierbei geschützt, denn seine Hypothek hat nach § 30 Abs. 2 unbedingt den Vorrang. Die Baugläubiger haben auch Vortheil von dieser Regelung, denn sie erhalten in kurzer Zeit Baarzahlung statt einer Sicherheit. Benachtheiligt könnten nur anderweite Gläubiger des Eigenthümers werden, da sich ihnen eine Hypothek vorschiebt, die höher sein kann, als die im regelrechten Verfahren eingetragene Bauhypothek, denn von der letzteren geht der durch die Sicherheit des § 1 gedeckte Betrag der Bauforderung ab, während das Recht des § 30 Abs. 2 die sämmtlichen eingetragenen Bauforderungen umfaßt. Da der Bauvermerk indessen auf eine Belastung in unbestimmter Höhe hinweist, müssen die anderen Gläubiger sich die Eintragung der

Hypothek in Höhe sämmtlicher Bauforderungen gefallen lassen. Selbstverständlich können Gläubiger des Eigenthümers fingirte Bauforderungen durch die gewöhnlichen Rechtsmittel beseitigen. Um dem Eigenthümer Frist zu geben, von dem Rechte des § 30 Abs. 2 Gebrauch zu machen, darf die Löschung des Bauvermerks erst drei Wochen nach Ablauf der Ausschlußfrist erfolgen.

Vor dem Termin ist nach § 31 ein Theilungsplan auf Grund der Bauliste aufzustellen. Die hinterlegte Sicherheit wird versilbert (§ 31 Abs. 1) und jedem Baugläubiger ein verhältnißmäßiger Theil überwiesen. Die unmittelbaren Baugläubiger haben gleiche Rechte. Die Bauhypothek ist auf den Betrag beschränkt, der durch die Baarmasse nicht gedeckt ist, und wird den Baugläubigern verhältnißmäßig überwiesen. Ist eine Forderung von einem Vormann und Nachmann angemeldet, so ist nur der Nachmann nach § 31 Abs. 1 aufzunehmen, denn, wenn Widerspruch nicht erhoben wird, gilt die Forderung des Vormanns auf ihn kraft Gesetzes übertragen. Aus dem Theilungsplan muß sich naturgemäß ergeben, daß es sich um eine Forderung des Nachmanns handelt, damit eventuell die Forderung des Vormanns berücksichtigt werden kann.

Gegen die Aufnahme einer Forderung oder des Vorrangs des Baugeldgebers in den Plan steht jedem Betheiligten der Widerspruch zu. Der Grundbuchrichter hat im Allgemeinen nur die formelle Legitimation des Widersprechenden zu prüfen; über die materielle Berechtigung, namentlich auch darüber, ob ein Interesse des Widersprechenden vorliegt, entscheidet das Prozeßgericht. Ueber die Ausnahme des Abs. 4 zu Gunsten des Baugeldgebers ist S. 46 gehandelt. Wegen der betagten und bedingten Forderungen wird auf die Ausführungen zu § 14 verwiesen (§ 32 Abs. 5).

Zu bemerken ist, daß es bei Erhebung eines Widerspruchs gegen eine Bauforderung möglich ist, daß die nachträgliche Vertheilung der Baarmasse auf die Bauhypothek eines Gläubigers, dessen Forderung nicht bestritten ist, Einfluß hat. Ist z. B. für A. und B. eine Bauforderung von je 50 000 Mk. eingetragen, und 50 000 Mk. sind durch Sicherheit gedeckt, so werden von der

Baarmasse je 25 000 Mk. an die Baugläubiger ausgeschüttet, in Höhe von je 25 000 Mk. wird die Bauhypothek eingetragen. Wird aber die Forderung des B. durch einen Widerspruch weggeschafft, dann bekommt A. die vollen 50 000 Mk. der Baarmasse, und nicht nur die Eintragung der Bauhypothek für B. kommt in Wegfall, sondern auch die Bauhypothek des A. ist erloschen, da er für seine Bauforderung befriedigt ist.

Nach § 33 Abs. 2 soll daher nicht nur der Widerspruch, sondern auch die Möglichkeit eines Erlöschens auf Grund der Auszahlung aus der Baarmasse im Grundbuche vermerkt werden. Man könnte die Löschung der für A. eingetragenen 25 000 Mk. durch den Grundbuchrichter in nachträglicher Ausführung des Planes vermeiden, da die Tilgung der Hypothek aus der Baarmasse der anderweiten Tilgung einer Hypothek durch Zahlung gleichsteht. Den Betheiligten könnte überlassen werden, die Folgerungen aus dieser Thatsache zu ziehen. Materiell macht dies aber keinen Unterschied, und formell erledigt sich die Sache dadurch, daß der Grundbuchrichter den Plan nachträglich ausführt, einfacher. Es ist auch zu berücksichtigen, daß nach § 33 Abs. 3 der Theil der Bauhypothek, der durch Wegfall einer Bauforderung frei wird, dem Grundstückseigenthümer zufällt, daß er aber im Range dem Antheil der Baugläubiger nachsteht. Diese Bestimmung ist getroffen, damit die Baugläubiger nicht durch unbegründete Bauforderungen zu Gunsten des Eigenthümers benachtheiligt werden können, sie würde sich nicht aus § 1143 B.G.B. ergeben. Es empfiehlt sich auch die Bestimmung des § 33 Abs. 2, daß die Umwandlung der Sicherungshypothek in eine gewöhnliche Hypothek nur zulässig ist, wenn die Widersprüche, die auf der Vertheilung der Baarmasse Einfluß haben, erledigt sind. Ehe die Hypothek des Gläubigers unzweifelhaft festgestellt ist, soll eine Verkehrshypothek nicht entstehen. Nach Abs. 3 § 33 ist es dem Eigenthümer freigestellt, den Betrag einer mit Widerspruch oder mit dem Vermerk des letzten Satzes Abs. 2 eingetragenen Bauforderung zu hinterlegen und somit die sofortige Verfügung über den betreffenden Theil der Bauhypothek zu erhalten.

Die §§ 34 und 35 regeln die nachträgliche Ausschüttung der

Masse. Im Allgemeinen hat der Widersprechende bei Vermeidung der Folge, daß sein Widerspruch nach Ablauf der Frist als zurückgenommen gilt, die Pflicht zur Klage. Nur wenn die Bauforderung im Vorverfahren (§ 16) nicht glaubhaft gemacht ist oder von einem Betheiligten ausgeht, der die Forderung nicht angemeldet hat, soll der Baugläubiger verpflichtet sein, die Klage binnen der Frist anzustrengen, widrigenfalls seine Anmeldung als zurückgenommen gilt (§ 34 Abs. 1).

Der § 34 Abs. 2 bestimmt die ausschließliche Zuständigkeit des Gerichts für die Widerspruchsklage. Nach Abs. 3 ebenda sollen die Klagen auf Widersprüche, welche dieselbe Bauforderung betreffen, verbunden werden. Wenn z. B. für V. eine Bauforderung von 3000 Mk., für den Nachmann des V., den N., eine solche von 200 Mk. eingetragen ist, so wird im Vertheilungsplan 200 Mk. für N. und 2800 Mk. für V. aufgenommen. Der Eigenthümer will die ganzen 3000 Mk. bestreiten; V. will dagegen die 3000 Mk. für sich geltend machen und das Recht des N. bestreiten. Dann muß der Eigenthümer Widerspruch wegen der 2800 Mk. gegen V. und wegen 200 Mk. gegen N. und V. erheben (§ 32 Abs. 2). Die Prozesse des N. und V. müssen nach § 34 Abs. 3 verbunden werden, denn es sollen nicht mehrere Prozesse über dieselbe Forderung neben einander laufen. Im Uebrigen reicht das in der Civilprozeßordnung dem Prozeßgericht gegebene Verbindungsrecht aus (§ 147 C.P.O.).

Der Abs. 4 § 34 läßt die Rechtskraft des Urtheils, das auf einen Widerspruch ergeht, für und gegen alle Betheiligte wirken. Vom praktischen Standpunkt erscheint dies bei dem angeordneten kleinen Konkursverfahren erforderlich. Von der Vorschrift, diejenigen, die Vortheil von dem Urtheil haben, zur Erstattung eines Theils der Kosten zu verpflichten, ist abgesehen, da der Vortheil der Einzelnen, namentlich wenn er nur in besserem Range einer hypothekarischen Sicherheit besteht, schwer abzuwägen ist.

Bemerkt mag noch werden, daß der Grundsatz des Abs. 4 über die Rechtskraft des Urtheils nicht geeignet ist, die Bestimmungen über den Widerspruch zu beeinflussen. Wenn N. und V. z. B. in dem oben angeführten Falle die 200 Mk. geltend machen, und der Eigenthümer widerspricht nur dem N., so bleibt die Forderung für B. bestehen, wenn sich auch aus den Gründen des Urtheils ergeben mag, daß der Richter annimmt, weder N. noch B. haben etwas zu fordern. Auf Grund eines solchen Widerspruchs darf der Eigenthümer nur dahin klagen, daß dem N. das Recht nicht zustehe, d. h., daß es dem B. zustehe; auch nur dies kann rechtskräftig entschieden werden. An einer solchen Klage kann der Eigenthümer ein Interesse haben, wenn er z. B. gegen B. aufrechnen will.

Der § 35 giebt die Vorschriften über die Ausschüttung der Masse nach Erledigung des Widerspruchs. Hierbei ist erwogen, ob die nachträglichen Zustimmungserklärungen der Betheiligten zur weitern Ausschüttung der Masse zu beglaubigen sein sollen. Wenn indessen, wie vorgeschlagen, der Richter den Gegner des Antragstellers hören kann, so ist dies nicht nöthig. Bei unbeglaubigten Erklärungen wird von diesem Rechte Gebrauch gemacht werden.

§§ 36, 37, 38, 39.

Ohne Beeinträchtigung berechtigter Interessen kann die Zwangsversteigerung während des Baues nicht ausgeschlossen werden.

Die Bestimmungen des Regierungsentwurfs §§ 23 fg. für die Konkurrenz einer Versteigerung mit dem Bauverfahren sind nicht ausreichend.

Das Hauptbedenken gegen den Regierungsentwurf ist darin zu finden, daß die Anmeldefrist für Bauforderungen nicht anderweit festgesetzt ist. Nur wenn die Bauabnahme stattgefunden hat oder die Bauerlaubniß erloschen ist, beginnt nach § 12 des Regierungsentwurfs die Anmeldefrist und damit die Möglichkeit der Geltendmachung der Bauforderung. Sind die Bedingungen nicht vorhanden, so fehlt es an einer Bestimmung über den Beginn der Anmeldefrist, und damit ist die Befriedigung aus dem Grundstück auf Grund des Bauvermerks (§ 23 Regier.-Entw.) thatsächlich nicht möglich. (Vergl. § 25 Abs. 2 Regier.-Entw.)

Es ist auch nicht klar, wie sich der Subhastationsrichter einem eingetragenen Bauvermerk gegenüber verhalten soll, wenn zur Zeit des Versteigerungstermins Bauforderungen noch nicht angemeldet sind und die Anmeldefrist noch nicht begonnen hat. Wie soll namentlich das geringste Gebot festgesetzt werden, wenn der Bauvermerk dem betreibenden Gläubiger vorgeht? Soll der Ersteher nach § 6 letzter Satz des Regierungsentwurfs als Nachfolger des Eigenthümers verpflichtet sein, die noch nicht geltend gemachten Rechte der Baugläubiger anzuerkennen? Nach § 23 Regier.-Entw. scheint beabsichtigt zu sein, die nicht geltend gemachten Rechte der Baugläubiger nicht zu berücksichtigen und den Bauvermerk nach der Subhastation zur Löschung zu bringen.

Um diesen Zweifelsfragen zu begegnen, geht mein Vorschlag dahin, daß die Zwangsversteigerung das Verfahren dieses Gesetzes in gleicher Weise in Bewegung setzt, wie die Abnahme des Baues. Von dem Zeitpunkt der Eintragung des Zwangsversteigerungsvermerks wird die Leitung des Verfahrens dem Vollstreckungsrichter übertragen. Die Bauforderungen werden, soweit bis zur Ausschlußfrist eine Verwendung in den Bau stattgefunden hat, berücksichtigt (§ 38 Abs. 1). Die Ausschüttung der Baarmasse und die Feststellung des Vorrechts des Baugeldgebers geschieht nach den Vorschriften dieses Gesetzes (§ 38 Abs. 2). Die abgesonderte Vertheilung der Baarmasse erfolgt, weil die Subhastations-Interessenten auf diese einen Anspruch nicht haben. Dagegen läßt sich das abgesonderte Verfahren nicht rechtfertigen, insoweit die Baugläubiger Befriedigung aus dem Grundstück verlangen. Ihre Rechte sind genügend gewahrt, wenn sie den durch Vormerkung geschützten Rechten gleichgestellt sind. Widersprüche können, den Bestimmungen des Zwangsverfahrens entsprechend, von jedem Subhastations-Interessenten, zu denen die Baugläubiger nach § 38 Abs. 1 gehören, ausgehen. Da sie aber andere Voraussetzungen und andere Wirkungen haben, als die Widersprüche unseres Gesetzes, mußte betont werden, daß Widersprüche gegen die Auszahlung der Baarmasse und gegen die Befriedigung der Gläubiger aus dem Grundstück besonders zu erheben sind (§ 38 Abs. 2). Der Theilungsplan wird hiernach nach dem Verfahren dieses Gesetzes aufgestellt, aus dem Verfahren scheiden nur die durch Ueberweisung der Bauhypothek gesicherten Forderungen aus. Der Plan begründet das Recht der Befriedigung aus dem Grundstück, wie aus einer vorgemerkten Forderung. Es war eine derartige Regelung nothwendig, damit nicht zwei Verfahren neben einander mit verschiedenen Widerspruchsrechten schweben. Die im Gesetze angeordneten Eintragungen erfolgen auf Ersuchen des Vollstreckungsrichters. Hierzu gehört namentlich die Eintragung der Bauhypothek, insoweit sie bei Feststellung des geringsten Gebotes zu berücksichtigen war. Ueber die Beseitigung der Widersprüche bei dieser Hypothek finden die Bestimmungen des Zwangsvollstreckungsgesetzes allein Anwendung.

Dadurch, daß die Ausschlußfrist vor dem Versteigerungstermin nach § 37 abgelaufen sein muß, ist dafür gesorgt, daß die Feststellung des Werths der Bauhypothek nach § 51 des Zwangsverst.Ges. erfolgen kann.

Der § 39 bestimmt die Folgen der Aufhebung der Zwangsversteigerung. Es würde am einfachsten sein, das Verfahren fortzusetzen und durch Eintragung der Bauhypothek zu Ende zu führen. Da es aber im Allgemeinen im Interesse der Betheiligten liegt, daß der Bau bei Aufhebung der Zwangsversteigerung in früherer Weise weiter gefördert wird, daß es namentlich den Baugläubigern möglich wird, Bauforderungen durch nachträgliche Verwendung in den Bau zu erwerben, sind die Wirkungen des Zwangsversteigerungsverfahrens nach § 39 Abs. 1 mit rückwirkender Kraft aufgehoben, insoweit nicht zur Zeit der Aufhebung der Zwangsversteigerung die Voraussetzungen des § 29 Abs. 1 vorlagen, d. h. insoweit nicht die Anzeige über Abnahme des Baues oder Erlöschen der Bauerlaubniß eingegangen ist oder insoweit der Vertheilungstermin in diesem Verfahren bereits abgehalten war. In diesen Fällen erschien es zweckmäßig, dem Verfahren Fortgang zu geben (§ 39 Abs. 2).

Es ist erwogen, ob nicht bei dem Zwangsversteigerungsverfahren, das auf Antrag des Erben oder des Miteigenthümers erfolgt (§§ 175, 180 Zwangsverst.Ges.), eine Aenderung der Bestimmungen stattzufinden habe. Indessen sprechen überwiegende Gründe für die gleichartige Behandlung dieser Fälle.

Im Gegensatz zum Regierungsentwurf hat die Zwangsverwaltung keinen Einfluß auf das Bauverfahren. Zinsen der Bauforderungen werden nicht berücksichtigt. Kaum denkbar ist es, daß Abschlagszahlungen aus einer Zwangsverwaltung auf das Kapital bis zur Eintragung der Bauhypothek erfolgen. Selbstverständlich kann der Baugläubiger wegen seiner Personalforderung unter den gesetzlichen Voraussetzungen Zwangsversteigerung beantragen, auf die die Bestimmungen der §§ 36 fg. Anwendung finden.

§§ 40, 41, 42, 43.

Diese Paragraphen entsprechen wörtlich den §§ 35, 37, 38 und 39 des Regierungsentwurfs und wird wegen ihrer Begründung auf diesen verwiesen.

§ 44.

Im § 44 ist das Zustellungswesen geordnet. (Vergl. § 3 und 4 Zwangsverst.Ges.) Die Landesjustiz-Verwaltung ist mit der Feststellung der Formulare der nach dem Gesetz erforderlichen Mittheilungen betraut. Hierbei empfiehlt es sich, die Betheiligten soviel als möglich auf den Zweck der Benachrichtigung aufmerksam zu machen. Die Kosten sollen durch Landesgesetz geregelt werden, während der Regierungsentwurf diese Bestimmung landesherrlicher Verordnung vorbehält.

Schlußwort.

Nachdem wir uns durch die Fülle der Paragraphen hindurchgewunden haben, muß wiederholt betont werden, daß das Verfahren sich für die Betheiligten und die Gerichte äußerst einfach gestalten wird. Der Eigenthümer läßt den Bauvermerk eintragen. Er erhält die Bescheinigung über Eintragung und Vorbelastung und reicht sie bei der Baupolizeibehörde ein. Diese stellt aus ihren Tabellen fest, wie hoch sich der Baustellenwerth beläuft, und ertheilt die Bauerlaubniß, wenn der Baustellenwerth durch die Vorbelastungen überschritten ist oder erfordert noch die Sicherheit des § 1. Der Eigenthümer hat dann nur noch die Bauverträge einzureichen.

Da das Baugeld, das sich der Eigenthümer durch den Geldgeber verschafft, zur Abstoßung der Baugläubiger verwendet wird, werden die Beträge der angemeldeten Forderungen nicht sehr bedeutend sein. Die Form, in der der Baugläubiger seine Forderung geltend zu machen hat, ist eine sehr bequeme. Wenn Niemand Widerspruch erhebt, bleibt seine Eintragung bestehen. Wird aber der Eintragung widersprochen, so erhält der Gläubiger die Nachricht mit einem Formular, das ihn über seine Pflichten der Glaubhaftmachung u. s. w. möglichst genau aufklärt. Dem Eigenthümer ist in jedem Stadium des Verfahrens die Möglichkeit gegeben, durch Hinterlegung von Sicherheiten unbequeme Belastungen abzuwenden. Zu Prozessen wird es weniger kommen als jetzt, denn durch das Vertheilungsverfahren werden Streitigkeiten abgeschnitten.

Es versteht sich von selbst, daß durch ein Gesetz den Betheiligten nicht absolute Sicherheit gegeben werden kann. Gegen Betrug und Schwindel schützen die besten Gesetze nicht, und der Gläubiger wird, wenn er Credit giebt, immer noch über die Creditwürdigkeit seines Schuldners zu wachen haben. Der Malermeister z. B., der nach der Natur der Sache seine Arbeit zuletzt beginnt, muß aus den offen gelegten Unterlagen prüfen, ob noch genug Baufonds für ihn vorhanden ist.

Im Allgemeinen wird das Baugewerbe auf solidere Grundlagen gestellt, und die Bauhandwerker werden nicht mehr genöthigt sein, ihre Preise derartig hoch zu stellen, daß in ihnen Risiko-Prämien enthalten sind. Auf Grundlage eines Gesetzes ist es auch möglich, daß Genossenschaften oder andere Gesellschaften nach Normativ-Bestimmungen, die sich an das Gesetz anschließen, die Versicherung der Bauforderungen übernehmen, und so können die Bauhandwerker sich durch eigene Initiative eine größere Sicherheit, als das Gesetz ihnen gewährt, verschaffen.

Anhang.

Entwurf eines Reichsgesetzes, betreffend die Sicherung der Bauforderungen.

Erster Abschnitt.

Sicherung der Bauforderungen.

§. 1.

Durch landesherrliche Verordnung kann angeordnet werden, daß für einzelne Gemeinden im Falle der Errichtung eines Neubaues eine Sicherung der Bauforderungen nach den Vorschriften dieses Gesetzes stattfindet. Die Sicherung erfolgt durch Eintragung einer Hypothek (Bauhypothek) und, soweit die der Bauhypothek vorgehenden Belastungen den Baustellenwerth übersteigen, durch Hinterlegung von Geld oder Werthpapieren.

§. 2.

Neubau im Sinne dieses Gesetzes ist jedes zu Wohn- oder gewerblichen Zwecken bestimmte Gebäude, das auf einer Baustelle errichtet wird, welche zur Zeit der Ertheilung der Bauerlaubniß unbebaut oder nur mit Gebäuden untergeordneter Art besetzt ist.

Ist für ein versichertes Gebäude die Versicherungssumme nach den Versicherungsbedingungen nur zur Wiederherstellung zu zahlen, so finden auf den Wiederaufbau die Vorschriften dieses Gesetzes keine Anwendung.

§. 3.

Zur Sicherung des Ranges der Bauhypothek ist vor dem Beginne des Baues der Vermerk, daß das Grundstück bebaut werden soll (Bauvermerk), in das Grundbuch einzutragen.

§. 4.

Die Bauerlaubniß darf von der Baupolizeibehörde nur ertheilt werden, wenn der Bauvermerk eingetragen ist und entweder die dem Bauvermerke vorgehenden Belastungen den Baustellenwerth nicht übersteigen oder gemäß §. 1 durch Hinterlegung Sicherheit geleistet ist.

Bei der Feststellung der Belastungen kommen nur in Ansatz:

1. Hypotheken und Grundschulden mit ihrem Kapitalbetrag und zweijährigen Zinsen;
2. Rentenschulden und solche Reallasten, welche die Leistung von Geldrenten zum Gegenstande haben, mit ihrer Ablösungssumme;
3. nicht ablösbare Geldrenten mit ihrem nach §. 9 der Civilprozeßordnung zu berechnenden Werthe;
4. öffentliche Lasten, die nicht in wiederkehrenden Leistungen bestehen, insbesondere die Verpflichtung zur Leistung von Beiträgen für die Kosten der Herstellung einer Straße, mit dem von der Baupolizeibehörde zu schätzenden Betrage dieser Lasten.

Rechte, die durch Eintragung einer Vormerkung oder eines Widerspruchs gesichert sind, stehen eingetragenen Rechten gleich.

Zu einer Rangänderung, durch die dem Bauvermerke der Vorrang vor anderen Rechten eingeräumt wird, genügt an Stelle der Einigung des zurücktretenden und des vortretenden Berechtigten die Erklärung des zurücktretenden Berechtigten gegenüber dem Grundbuchamte.

§. 5.

Ueber die Eintragung des Bauvermerkes hat das Grundbuchamt von Amtswegen eine Bescheinigung zu ertheilen; in dieser Bescheinigung ist der Gesammtbetrag der im §. 4 Abs. 2 Nr. 1 bis 3 bezeichneten Belastungen anzugeben, soweit sie dem Bauvermerke vorgehen.

Der Baustellenwerth ist durch eine Bescheinigung der zuständigen Behörde nachzuweisen.

Die Grundsätze für die Bemessung des Baustellenwerths und das Feststellungsverfahren werden, sofern sie nicht landesgesetzlich geregelt sind, durch landesherrliche Verordnung bestimmt. Das Gleiche gilt von den für das Feststellungsverfahren und die Eintragung des Bauvermerkes sowie der Bauhypothek zu erhebenden Gebühren.

Zweiter Abschnitt.

Baugläubiger.

§. 6.

Als Baugläubiger gelten die an der Herstellung des Bauwerkes oder eines einzelnen Theiles des Bauwerkes auf Grund eines Werk- oder Dienstvertrags Betheiligten **sowie diejenigen, welche zur Herstellung des Bauwerkes zu verwendende Sachen geliefert haben,** wegen ihrer Ansprüche auf die in Geld vereinbarte Vergütung, sofern die Werk-, **Dienst- oder Lieferungsverträge** von dem Eigenthümer der Baustelle oder für dessen Rechnung geschlossen worden sind (**unmittelbare** Bauforderungen). Dem Eigenthümer der Baustelle steht gleich, wer den Bau mit Zustimmung des Eigenthümers als Bauherr ausführt. Durch eine nachträgliche Veräußerung der Baustelle werden die Rechte der Baugläubiger nicht berührt.

§. 6a.

Ist die einem Unternehmer übertragene Herstellung des Bauwerkes oder eines einzelnen Theiles des Bauwerkes an andere Unternehmer (Nachmänner) weiter übertragen worden, so gelten auch die Nachmänner wegen der ihnen aus dem Werkvertrage gegen ihre Vormänner zustehenden Ansprüche als Baugläubiger (mittelbare Bauforderungen).

§. 6b.

Mittelbare Bauforderungen dürfen den Betrag nicht überschreiten, für welchen dem unmittelbaren Vormann eine Bauforderung erwachsen ist; mehrere Bauforderungen von Nachmännern desselben Vormanns sind soweit erforderlich verhältnißmäßig herabzusetzen. Ist die Bauforderung eines Nachmanns nach Satz 1 herabzusetzen, so ist der herabgesetzte Betrag für den Umfang der Bauforderungen seiner Nachmänner maßgebend.

§. 6c.

Sind vor der Eintragung der Bauhypothek Zahlungen an einen Vormann auf dessen Bauforderung geleistet, so ist der verbleibende Rest der Bauforderung des Vormanns für den Umfang der Bauforderungen seiner Nachmänner maßgebend.

§. 6d.

Hat ein Nachmann seine Bauforderung dem Schuldner eines Vormanns angezeigt, so tritt die angezeigte Forderung bis zur Höhe der an den Vormann nach der Anzeige geleisteten Zahlungen an die Stelle der Bauforderung des Vormanns. Sind mehrere gegen denselben Vormann bestehende Bauforderungen, deren Summe die an den Vormann geleistete Zahlung übersteigt, angezeigt, so findet eine verhältnißmäßige Herabsetzung der jedem Nachmanne zufallenden Beträge der Bauforderungen des Vormanns statt. Bestehen mehrere angezeigte Bauforderungen gegen verschiedene Vormänner, so schließt der frühere Nachmann den späteren aus, soweit die von ihnen angezeigten Beträge sich decken.

Die Anzeige ist durch Gerichtsvollzieher zuzustellen; sie verliert ihre Kraft, wenn nicht binnen drei Wochen eine schriftliche Anerkennung der Bauforderung durch den Vormann oder eine die Aufrechterhaltung der Anzeige anordnende einstweilige Verfügung zugestellt wird. Auf die Erlassung der einstweiligen Verfügung finden die Vorschriften des §. 13 entsprechende Anwendung.

§. 7.

Der Eigenthümer hat vor dem Beginne des Baues dem Grundbuchamt eine Erklärung einzureichen, aus welcher ersichtlich sind:

1. die Personen der nach §. 6 als Baugläubiger anzusehenden Unternehmer des Bauwerkes oder einzelner Theile des Bauwerkes;
2. der Betrag der jedem Unternehmer zu zahlenden Vergütung;
3. die Fristen, in denen die Vergütung zu zahlen ist.

Werden die Verträge mit den Unternehmern abgeändert oder erst später geschlossen, so hat der Eigenthümer unverzüglich dem Grundbuchamt eine Erklärung einzureichen, welche die im Abs. 1 vorgesehenen Angaben enthält oder berichtigt.

Die Erklärungen sind von dem Eigenthümer zu unterzeichnen.

Ist ein schriftlicher Vertrag geschlossen, so kann statt der Erklärung der Vertrag in Urschrift oder in einer von dem Eigenthümer unterzeichneten Abschrift eingereicht werden. Die Einsicht der Erklärungen und Verträge ist Jedem gestattet.

Erfüllt der Eigenthümer die im Abs. 1 bis 4 obliegenden Verpflichtungen nicht, so ist er jedem Betheiligten zum Ersatze des daraus entstehenden Schadens verpflichtet.

Die sich auf den Eigenthümer beziehenden Vorschriften der Abs. 1 bis 5 finden auf diejenigen Unternehmer entsprechende Anwendung, welche die Herstellung des Bauwerkes oder einzelner Theile des Bauwerkes an andere Unternehmer weiter übertragen.

§. 7a.

Soweit ein Nachmann nach §. 7 Schadensersatz gegen den Eigenthümer beanspruchen kann, gilt seine Bauforderung als unmittelbare Bauforderung; die Vorschriften der §§. 6b, 6c finden keine Anwendung.

Soweit ein Nachmann nach §. 7 Schadensersatz gegen einen Unternehmer beanspruchen kann, gilt der Unternehmer als unmittelbarer Vormann.

§. 7b.

Wird an einen Vormann eine Zahlung auf Grund eines Vertrags geleistet, der nicht nach §. 7 angezeigt worden ist, oder war die Zahlung nach Maßgabe der abgegebenen Erklärungen noch nicht fällig und kannte in diesem Falle der Zahlende die Absicht des Empfängers, seine Nachmänner zu benachtheiligen, so treten die Bauforderungen der Nachmänner bis zur Höhe der Zahlung an die Stelle der Bauforderung des Vormanns. Die Vorschriften des §. 6d Abs. 1 Satz 2, 3 finden entsprechende Anwendung.

Ist eine Erklärung nicht vor dem Beginne des Baues eingereicht, so ist sie nur zu berücksichtigen, wenn sie mindestens eine Woche vor der Zahlung durch Anschlag auf dem Baue bekannt gemacht ist.

§. 7c.

Jeder Unternehmer haftet dem Besteller dafür, daß von den Nachmännern des Unternehmers Bauforderungen nur bis zur Höhe des von dem Besteller an den Unternehmer oder dessen Rechtsnachfolger geschuldeten Betrags geltend gemacht werden.

§. 8.

Dem Baugläubiger steht eine Bauforderung nur insoweit zu, als seine Leistungen in den Bau verwendet worden sind. Ist diese Verwendung nicht vollständig erfolgt, so ist die vereinbarte Vergütung in dem Verhältnisse herabzusetzen, in welchem bei dem Abschlusse des Vertrags der Werth der vereinbarten Leistung zu dem Werthe der in den Bau verwendeten Leistung gestanden haben würde.

§. 9.

Uebersteigt die vereinbarte Vergütung die übliche Vergütung offenbar in erheblichem Maße, so kann jeder Betheiligte verlangen, daß bei der Berechnung der Ansprüche aus der Bauhypothek an Stelle des vereinbarten Preises der übliche Preis zu Grunde gelegt wird.

Dritter Abschnitt.

Bauvermerk. Bauhypothek.

§. 10.

Die Eintragung des Bauvermerkes erfolgt auf Antrag des Eigenthümers. Bildet die Baustelle nur einen Theil eines Grundstücks, so ist sie von dem Grundstück abzuschreiben und als selbstständiges Grundstück einzutragen.

Der Eigenthümer kann bei der Baupolizeibehörde beantragen, daß sie die Eintragung des Bauvermerkes veranlasse. In diesem Falle erfolgt die Eintragung auf Ersuchen der Baupolizeibehörde; das Ersuchen soll erst gestellt werden, wenn die Baupolizeibehörde die Ertheilung der Bauerlaubniß für wahrscheinlich erachtet.

§. 11.

Der Bauvermerk wird gelöscht, wenn dem Grundbuchamt eine Bescheinigung der Baupolizeibehörde vorgelegt wird, daß vor dem Beginne des Baues die Bauerlaubniß erloschen oder von dem Baue Abstand genommen ist.

§. 12.

Die Baugläubiger können ihre Bauforderungen bei dem Grundbuchamte binnen einer Frist von drei Monaten anmelden, nachdem die Baupolizeibehörde in dem für ihre Bekanntmachungen bestimmten Blatte veröffentlicht hat, daß baupolizeiliche Bedenken, das Gebäude in Gebrauch zu nehmen, nicht bestehen oder daß die Bauerlaubniß nach dem Beginne des Baues erloschen ist. Die Frist beginnt mit dem Tage, an welchem das die Veröffentlichung enthaltende Blatt ausgegeben wird. Die Veröffentlichung soll spätestens einen Monat nach der Gebrauchsabnahme oder nach dem Erlöschen der Bauerlaubniß erfolgen. Von der erfolgten Veröffentlichung hat die Baupolizeibehörde dem Grundbuchamt unverzüglich Mittheilung zu machen.

§. 13.

Die Anmeldung einer Bauforderung ist nur wirksam, wenn bis zum Ablaufe der Anmeldungsfrist die schriftliche Zustimmung des Eigenthümers zur Anmeldung oder eine gegen den Eigenthümer ergangene, die Anmeldung zulassende einstweilige Verfügung zu den Akten des Grundbuchamts eingereicht wird. **Bei mittelbaren Bauforderungen müssen der unmittelbare Vormann und die weiteren Vormänner in der Zustimmungserklärung oder in der einstweiligen Verfügung angegeben sein.** Das Grundbuchamt hat, sobald eine Anmeldung wirksam geworden ist, dem Anmeldenden eine Bescheinigung über die Anmeldung zu ertheilen.

Zur Erlassung der einstweiligen Verfügung sind glaubhaft zu machen:

1. der von dem Anmeldenden abgeschlossene Vertrag;
2. die Verwendung seiner Leistungen in den Bau und bei theilweiser Verwendung der nach §. 8 zu berechnende Betrag der Bauforderung;

3. **bei Bauforderungen eines Nachmanns die Angemessenheit der vereinbarten Vergütung;**
4. **bei unmittelbaren Bauforderungen und, wenn ein Anderer als der Vertragsgegner als unmittelbarer Vormann bezeichnet wird, die in den §§. 6, 6d, 7a oder 7b bestimmten Voraussetzungen;**
5. **bei mittelbaren Bauforderungen die Reihenfolge der Vormänner, sofern sich diese nicht aus den nach §. 7 erstatteten Anzeigen ergiebt.**

Wird Widerspruch gegen die einstweilige Verfügung erhoben, so ist die Verfügung auch aufzuheben, soweit das Nichtbestehen der Bauforderung in Gemäßheit der Vorschriften der §§. 6b, 6c glaubhaft gemacht wird.

§. 14.

Liegen bei dem Ablaufe der Anmeldungsfrist wirksame Anmeldungen nicht vor, so wird der Bauvermerk von Amtswegen gelöscht.

Die Zurücknahme einer Anmeldung bedarf der für Eintragungsbewilligungen in der Grundbuchordnung vorgeschriebenen Form.

Der Zurücknahme einer Anmeldung steht es gleich, wenn dem Grundbuchamte nachgewiesen wird, daß für die angemeldete Forderung Sicherheit geleistet ist.

Die Sicherung ist durch Hinterlegung von Geld oder Werthpapieren zu bewirken.

Das Grundbuchamt hat auf Antrag dem Anmeldenden eine Frist zu bestimmen, binnen welcher dieser dem Grundbuchamte die Einwilligung in die Rückgabe der Sicherheit zu erklären oder die Erhebung der Klage wegen seiner Ansprüche nachzuweisen hat. Nach dem Ablaufe der Frist hat das Grundbuchamt auf Antrag die Rückgabe der Sicherheit anzuordnen, wenn nicht inzwischen die Erhebung der Klage nachgewiesen ist. Auf das Verfahren finden die Vorschriften des Gesetzes über die Angelegenheiten der freiwilligen Gerichtsbarkeit entsprechende Anwendung; gegen den Beschluß, durch welchen der Antrag auf Bestimmung einer Frist abgelehnt wird, steht dem Antragsteller, gegen die Entscheidung über die Rückgabe der Sicherheit beiden Theilen die sofortige Beschwerde zu.

§. 15

Liegen bei dem Ablaufe der Frist wirksame Anmeldungen vor, so wird von Amtswegen unter Löschung des Bauvermerkes eine als Bauhypothek zu bezeichnende Hypothek mit dem Range des Bauvermerkes eingetragen. Mit der Eintragung entsteht die Hypothek. Die Bauhypothek gilt als Sicherungshypothek, auch wenn sie im Grundbuche nicht als solche bezeichnet ist.

Bei der Bestimmung des Betrags der Bauhypothek sind zu berücksichtigen:

1. **die Anmeldungen der unmittelbaren Bauforderungen;**
2. **die Anmeldungen der mittelbaren Bauforderungen, soweit sie nicht in Anmeldungen der Vormänner Deckung finden.**

Zinsen der Bauforderungen werden nicht berücksichtigt.

Bei der Eintragung der Bauhypothek sind außer ihrem Gesammtbetrage die den einzelnen Baugläubigern zustehenden Theilbeträge anzugeben.

Wird gemäß §. 1 durch Hinterlegung Sicherheit geleistet, so vermindert sich der Betrag der Bauhypothek um den Betrag der Sicherheit unter verhältnißmäßiger Herabsetzung der den einzelnen Baugläubigern zustehenden Theilbeträge.

§. 15a.

Für mittelbare Bauforderungen ist, soweit diese in Anmeldungen der Vormänner Deckung finden, zugleich mit der Bauhypothek ein Pfandrecht einzutragen. Das Pfandrecht entsteht mit der Eintragung und geht anderweit begründeten dinglichen Rechten im Range vor.

Das Pfandrecht besteht an der Bauforderung des unmittelbaren Vormanns. Hat der unmittelbare Vormann seine Bauforderung nicht oder nicht in einem zur Deckung der Bauforderung des Nachmanns ausreichenden Betrag angemeldet, so besteht das Pfandrecht in Höhe des nicht gedeckten Betrags an der Bauforderung des nächsten anmeldenden Vormanns und soweit erforderlich weiterer Vormänner. Die Bauforderungen mehrerer Nachmänner desselben Vormanns haben unter sich gleichen Rang.

Ergiebt sich, daß die von einem Vormann angemeldete Bauforderung zur Zeit der Eintragung der Bauhypothek nicht bestand, so haben die Nachmänner dieselben Rechte, welche sie haben würden, wenn die Anmeldung des Vormanns nicht erfolgt wäre.

§. 16.

Bis zur Löschung des Bauvermerkes ist die Einsicht des Grundbuchs und der im §. 11 der Grundbuchordnung bezeichneten Urkunden sowie der Mittheilungen der Baupolizeibehörde Jedem gestattet.

§. 17.

Beruht die Wirksamkeit einer Anmeldung auf einer einstweiligen Verfügung und wird diese nach der Eintragung der Bauhypothek durch rechtskräftige Entscheidung aufgehoben, so erwirbt der Eigenthümer des Grundstücks den dem Anmeldenden zustehenden Theilbetrag der Bauhypothek; **die Vorschrift des §. 15a Abs. 3 wird hierdurch nicht berührt.**

§. 18.

Leistet der Eigenthümer für eine angemeldete Bauforderung Sicherheit, so erwirbt er den dem Anmeldenden zustehenden Theilbetrag der Bauhypothek **oder das dem Anmeldenden zustehende Pfandrecht.** Die Vorschriften des §. 14 Abs. 4, 5 finden entsprechende Anwendung.

§. 19.

Mehrere bei der Eintragung der Bauhypothek berücksichtigte Bauforderungen haben unter sich gleichen Rang.

Verwandelt sich ein Theil der Bauhypothek in eine dem Eigenthümer des Grundstücks zufallende Grundschuld, so kann diese zum Nachtheile der den Baugläubigern verbleibenden Bauhypothek nicht geltend gemacht werden.

Die Vorschrift des Abs. 2 findet entsprechende Anwendung, wenn ein Theil der Bauhypothek in eine gewöhnliche Hypothek, eine Grundschuld oder Rentenschuld umgewandelt oder wenn an die Stelle einer Bauforderung, für welche die Bauhypothek besteht, eine andere Forderung gesetzt wird.

§. 20.

Der Rang der Bauhypothek gegenüber anderen Rechten bestimmt sich nach der Eintragung des Bauvermerkes. Ist jedoch nach dem Bauvermerk eine Hypothek zu Gunsten eines Gläubigers eingetragen, welcher die Gewährung von Baugeldern übernommen hat, so gelten für diese Hypothek, falls sie bei der Eintragung als Baugelderhypothek bezeichnet ist, die Vorschriften der §§. 21, 22.

Das Grundbuchamt soll eine Baugelderhypothek nur eintragen, wenn der Baugeldervertrag zu den Akten des Grundbuchamts eingereicht ist.

§. 21.

Die Baugelderhypothek geht der Bauhypothek im Range um den Betrag derjenigen Zahlungen vor, welche in Anrechnung auf die Baugelder von dem Baugeldgeber zum Zwecke der Tilgung einer Bauforderung an den Baugläubiger oder in Höhe einer von dem Eigenthümer getilgten Bauforderung an diesen geleistet worden sind. Der Vorrang ist ausgeschlossen, soweit dem Baugeldgeber zur Zeit der Zahlung bekannt war, daß die Bauforderung nicht bestehe; der Kenntniß steht eine auf grober Fahrlässigkeit beruhende Unkenntniß gleich.

In Ansehung des fünften Theiles der Baugelder finden die Vorschriften des Abs. 1 keine Anwendung, wenn binnen einer Frist von zwei Wochen seit dem Beginne der Anmeldungsfrist ein Baugläubiger Widerspruch gegen die Auszahlung erhoben hat. Wird Widerspruch erhoben, so ist der Baugeldgeber berechtigt, den fünften Theil des Baugeldes mit der Wirkung zu hinterlegen, daß die Baugelderhypothek in Höhe des hinterlegten Betrags der Bauhypothek im Range vorgeht. Auf den hinterlegten Betrag finden die Vorschriften des vierten Abschnitts entsprechende Anwendung.

Der Widerspruch gegen die Auszahlung ist dem Baugeldgeber durch einen Gerichtsvollzieher zuzustellen. Der Widerspruch verliert seine Wirkung, wenn nicht dem Baugeldgeber vor dem Ablaufe der Anmeldungsfrist die im §. 13 Abs. 1 Satz 3 bezeichnete Bescheinigung des Grundbuchamts vorgelegt wird. Wird der Widerspruch zurückgenommen, so gilt er als nicht erfolgt.

§. 22.

Auf Antrag des Baugeldgebers ist zur Vermittlung der von ihm zu leistenden Zahlungen ein Treuhänder zu bestellen. In diesem Falle begründen alle nach Maßgabe der Anweisungen des Treuhänders geleisteten Zahlungen den Vorrang vor der Bauhypothek, sofern der Baugeldgeber durch Anschlag auf dem Baue bekannt gemacht hat, daß er durch Vermittelung des Treuhänders Zahlung leisten werde. Der Treuhänder darf die Anweisung zur Zahlung nur ertheilen, soweit der Baugeldgeber nach Maßgabe des §. 21 zur Zahlung mit Wirkung gegen die Baugläubiger berechtigt ist.

Dem Treuhänder ist der Widerspruch gegen die Auszahlung des fünften Theiles der Baugelder zuzustellen und die Bescheinigung des Grundbuchamts vorzulegen.

Soweit die Leistung von Zahlungen durch Vermittelung des Treuhänders **oder die nach §. 21 Abs. 2 erfolgte Hinterlegung von dem Treuhänder** in öffentlich beglaubigter Form bescheinigt wird, hat das Grundbuchamt den Vorrang der Baugelderhypothek vor der Bauhypothek in das Grundbuch einzutragen.

Auf den Treuhänder finden die für einen Pfleger geltenden Vorschriften des Bürgerlichen Gesetzbuchs, mit Ausnahme des §. 1785, entsprechende Anwendung.

Der Treuhänder kann für die Führung seines Amtes eine angemessene Vergütung verlangen. Vor der Festsetzung der Vergütung soll der Baugeldgeber soweit thunlich gehört werden.

Durch Anordnung der Landesjustizverwaltung können die dem Vormundschaftsgericht in Ansehung der Treuhänder obliegenden

Verrichtungen für mehrere Amtsgerichtsbezirke einem Amtsgericht übertragen werden.

§. 23.

Ist im Falle der Zwangsversteigerung oder der Zwangsverwaltung zur Zeit der Eintragung des Vollstreckungsvermerkes die Eintragung der Bauhypothek noch nicht erfolgt, so können die Baugläubiger auf Grund des Bauvermerkes Befriedigung aus dem Grundstücke verlangen; die Vorschriften der §§. 15, **15a**, 18 bis 22 finden entsprechende Anwendung.

§. 24.

Das Grundbuchamt hat im Falle des §. 23 nach der Eintragung des Vollstreckungsvermerkes dem Vollstreckungsgericht eine beglaubigte Abschrift der wirksamen Anmeldungen zu ertheilen. Baugläubiger, für die nach der Mittheilung des Grundbuchamts zur Zeit der Eintragung des Vollstreckungsvermerkes eine wirksame Anmeldung vorlag, stehen für das Vollstreckungsverfahren Gläubigern, die zu dieser Zeit im Grundbuch eingetragen waren, gleich.

Liegt später eine wirksame Anmeldung vor, so hat das Grundbuchamt sie dem Vollstreckungsgerichte nachträglich mitzutheilen; die Mittheilung ersetzt die Anmeldung und Glaubhaftmachung der Forderung im Vollstreckungsverfahren.

§. 25.

Hatte zur Zeit der Eintragung des Vollstreckungsvermerkes die Anmeldungsfrist bereits begonnen, so darf der Versteigerungstermin nicht auf einen früheren Zeitpunkt als zwei Wochen nach dem Ablaufe der Frist bestimmt werden. Ist diese Vorschrift verletzt, so ist der Zuschlag zu versagen.

Beginnt die Anmeldungsfrist im Laufe des Vollstreckungsverfahrens, so kann jeder an dem Verfahren Betheiligte die Aufhebung des Termins und die Bestimmung eines anderen Termins verlangen, wenn der Termin auf einen früheren als den nach Abs. 1 zuläßigen Zeitpunkt bestimmt ist. Im Falle der Verletzung dieser Vorschrift ist der Zuschlag zu versagen, es sei denn, daß das Recht des Betheiligten durch den Zuschlag nicht beeinträchtigt wird oder der Betheiligte das Verfahren genehmigt. Die Genehmigung ist durch eine öffentlich beglaubigte Urkunde nachzuweisen.

§. 26.

Soweit durch ein Urtheil der Widerspruch eines Baugläubigers gegen die Aufnahme der Forderung eines anderen

Bauglänbigers in den Vertheilungsplan rechtskräftig als begründet anerkannt ist, wirkt das Urtheil für alle Baugläubiger. Der widersprechende Baugläubiger kann Erstattung seiner Prozeßkosten aus dem bei der Vertheilung auf die Baugläubiger entfallenden Betrag insoweit verlangen, als in Folge des Widerspruchs der Antheil des Prozeßgegners an diesem Betrage vermindert ist. **Ist der Prozeßgegner ein Nachmann, so kann die Erstattung nur denjenigen Baugläubigern gegenüber verlangt werden, denen der Wegfall des Nachmanns zum Vortheile gereicht.**

Vierter Abschnitt.

Sicherheitsleistung.

§. 27.

Eine gemäß §. 1 durch Hinterlegung bestellte Sicherheit haftet den Baugläubigern in der gleichen Weise, wie ihnen kraft der Bauhypothek das Grundstück haftet.

§. 28.

Wird der Bauvermerk nach §. 11 oder §. 14 gelöscht, so hat das Grundbuchamt auf Antrag die Rückgabe der Sicherheit anzuordnen. Das Gleiche gilt, wenn dem Grundbuchamte nach dem Ablaufe der Anmeldungsfrist die Zustimmung aller Baugläubiger, für welche wirksame Anmeldungen vorliegen, in der für Eintragungsbewilligungen durch die Grundbuchordnung vorgeschriebenen Form nachgewiesen wird; die Zustimmung eines Baugläubigers kann dadurch ersetzt werden, daß zu seinen Gunsten Sicherheit geleistet wird. Auf die Sicherheitsleistung finden die Vorschriften des §. 14 Abs. 4, 5 Anwendung.

§. 29.

Nach dem Ablaufe der Anmeldungsfrist kann der Eigenthümer sowie jeder Baugläubiger, welchem die Sicherheit haftet, die Einleitung eines Vertheilungsverfahrens beantragen.

Für das Vertheilungsverfahren ist das Amtsgericht zuständig, in dessen Bezirke das Grundstück belegen ist.

Gegen den Beschluß, durch welchen der Antrag auf Einleitung des Vertheilungsverfahrens zurückgewiesen wird, steht dem Antragsteller die Beschwerde zu.

Der Beschluß, durch welchen der Antrag eines Baugläubigers zugelassen wird, ist auch dem Eigenthümer zuzustellen; dem Eigenthümer steht gegen den Beschluß die sofortige Beschwerde zu.

Auf die Beschwerde finden die Vorschriften der Civilprozeßordnung entsprechende Anwendung.

§. 30.

Wird der Antrag zugelassen, so hat das Gericht gleichzeitig das Grundbuchamt um Ertheilung einer beglaubigten Abschrift der wirksamen Anmeldungen zu ersuchen.

Sind Werthpapiere hinterlegt, so hat das Gericht die Veräußerung der Papiere nach Maßgabe der Vorschriften über die Zwangsvollstreckung anzuordnen; der Erlös ist zu hinterlegen. Ist das Verfahren auf Antrag eines Baugläubigers eingeleitet worden, so darf die Veräußerung erst angeordnet werden, wenn der Beschluß, durch welchen der Antrag zugelassen wird, rechtskräftig geworden ist.

§. 31.

Das Gericht hat nach dem Eingange der beglaubigten Abschrift der wirksamen Anmeldungen, im Falle des §. 30 Abs. 2 jedoch nicht vor der Hinterlegung des Erlöses, einen Termin zur Vertheilung zu bestimmen.

Die Terminsbestimmung ist dem Eigenthümer sowie jedem Baugläubiger, für welchen eine wirksame Anmeldung vorliegt, zuzustellen; sie soll an die Gerichtstafel angeheftet werden.

§. 32.

Auf das Vertheilungsverfahren finden die Vorschriften des §. 106, des §. 107 Abs. 1 Satz 1, des §. 111, des §. 113 Abs. 1, des §. 114 Abs. 1, der §§. 115, 117, 119, 120, 124, 126, des §. 127 Abs. 2, 3 und der §§. 135, 137 bis 142 des Gesetzes über die Zwangsversteigerung und die Zwangsverwaltung entsprechende Anwendung. Ansprüche, für die nach der Mittheilung des Grundbuchamts eine wirksame Anmeldung vorliegt, gelten im Sinne des §. 114 Abs. 1 als Ansprüche, die zur Zeit der Eintragung des Versteigerungsvermerkes aus dem Grundbuch ersichtlich waren.

§. 33.

Sind ein Vertheilungsverfahren in Ansehung der Sicherheit und ein Vertheilungsverfahren über den Erlös des mit der Bauhypothek belasteten Grundstücks gleichzeitig anhängig, so hat das Gericht beide Verfahren zu verbinden. Die Verbindung findet nicht mehr statt, sobald in einem der Verfahren der Vertheilungstermin abgehalten ist.

§. 34.

Im Falle des §. 23 erstreckt sich das Vertheilungsverfahren über den Erlös des Grundstücks zugleich auf die gemäß §. 1 durch Hinterlegung geleistete Sicherheit. Die Vorschriften des §. 30 Abs. 2 finden entsprechende Anwendung.

Fünfter Abschnitt.

Schlußbestimmungen.

§. 35.

Soll das Gebäude von einem Erbbauberechtigten errichtet werden, so ist der Bauvermerk auf dem Grundbuchblatte des Erbbaurechts einzutragen. Der Werth des Erbbaurechts tritt an die Stelle des Baustellenwerths.

Bei der Feststellung der Belastungen sind sowohl die auf dem Erbbaurecht als die auf dem Grundstücke haftenden, dem Erbbaurechte vorgehenden Belastungen zu berücksichtigen.

Die sich auf den Eigenthümer beziehenden Vorschriften dieses Gesetzes finden auf den Erbbauberechtigten Anwendung.

§. 36.

Auf die durch dieses Gesetz den Baugläubigern gewährten Rechte kann erst nach dem Beginne der Anmeldungsfrist oder nach der Anordnung der Zwangsversteigerung oder der Zwangsverwaltung verzichtet werden.

§. 37.

Durch Landesgesetz können die nach diesem Gesetze der Baupolizeibehörde obliegenden Verrichtungen einer anderen Behörde, die nach §. 22 einem Treuhänder obliegenden Verrichtungen einer Behörde übertragen werden.

§. 38.

Auf Grundstücke des Fiskus und solche Grundstücke, welche einem dem öffentlichen Verkehre dienenden Bahnunternehmen gewidmet sind, sowie auf Grundstücke, die nach landesherrlicher Verordnung ein Grundbuchblatt nur auf Antrag erhalten, finden die Vorschriften dieses Gesetzes keine Anwendung.

Das Gleiche gilt von den Grundstücken eines Landesherrn und den Grundstücken, welche zum Hausgut oder Familiengut einer landesherrlichen Familie, der Fürstlichen Familie Hohenzollern oder der Familie des vormaligen Hannoverschen Königshauses, des vormaligen Kurhessischen und des vormaligen Herzoglich Nassauischen Fürstenhauses gehören.

§. 39.

Wird die im §. 1 vorgesehene landesherrliche Verordnung zurückgenommen, so finden die Vorschriften dieses Gesetzes nur noch in Ansehung der Grundstücke Anwendung, bei denen ein Bauvermerk oder eine Bauhypothek bereits eingetragen ist.

Druck von A. W. Hayn's Erben, Berlin und Potsdam.

FSC
www.fsc.org
MIX
Papier | Fördert gute Waldnutzung
FSC® C083411

Kolibri 360 GmbH
Ferdinand-Jühlke-Straße 7
99095 Erfurt, Deutschland
produktsicherheit@kolibri360.de